普希金书信集

[俄] 普希金 著　　王志耕 李政文 译

海豚出版社
DOLPHIN BOOKS
中国国际出版集团

图书在版编目（CIP）数据

普希金书信集 / (俄罗斯) 普希金著 ; 王志耕, 李政文译. -- 北京 : 海豚出版社, 2019.8

　　ISBN 978-7-5110-4337-5

Ⅰ.①普⋯ Ⅱ.①普⋯ ②王⋯ ③李⋯ Ⅲ.①普希金 (Pushkin, Alexander Sergeyevich 1799-1837) – 书信集 Ⅳ.①K835.125.6

中国版本图书馆CIP数据核字(2019)第002774号

普希金书信集

[俄]普希金　著　　王志耕　李政文　译

出 版 人	王　磊	
责任编辑	李文静　郭雨欣	
特约编辑	诸　菁	
装帧设计	韦存义	
图片翻译	王亚维	
责任印制	于浩杰　蔡　丽	
出　　版	海豚出版社	
地　　址	北京市西城区百万庄大街24号	
邮　　编	100037	
电　　话	010-68325006（销售）　010-68996147（总编室）	
印　　刷	北京彩虹伟业印刷有限公司	
经　　销	新华书店及网络书店	
开　　本	787mm×1092mm　1/32	
印　　张	8	
字　　数	133千字	
版　　次	2019年8月第1版　2019年8月第1次印刷	
标准书号	ISBN 978-7-5110-4337-5	
定　　价	62.00元	

译者序

　　1834 年，沙皇当局拆检了被后人誉为"民族诗人"的普希金的私人信件，这使诗人异常愤怒。同年 6 月 3 日，他给妻子写信说，这一"下流举动让我心灰意冷……令我发疯。没有政治自由还能生存，而没有家庭隐私的凛不可犯是断乎无从生存的，这毋宁说就是被判处流放"。在此之前，普希金还在另外一封信中称，他写的信含有"无所顾忌的内容"。史学家多把诗人的上述说法作为研究他与沙俄皇室关系的史料。可见，普希金极其看重他的书信，这是无需讳言的。

　　俄罗斯的研究家们历来看重普希金的书信。诗人因决斗而死，迄今，一个半世纪过去了，俄罗斯的社会生活经历了沧海桑田式的变迁。然而，对普希金书信的收集整理，从来没有因为政权的更迭或社会制度的改变而中止。无以计数的学者参与到对诗人书信的考据、注释、翻译、编辑和出版中，围绕这些书信，他们写下无数论文和专著，考察普希金创作中的重大问题，破解他一生中诸多的谜题。被人引用频率最高的，有普希金写给十二月党人的信、写给宪兵司令宾肯道尔夫解释《我的家谱》《讽卢库尔的病愈》等诗的信、与恰达耶夫就俄罗斯历史等问题展开争论的信，以及两次写给荷兰公使海克伦，从而挑起决斗，导致诗人英年早夭的信，等等。

迄今，为俄罗斯学术界发现的普希金最早的书信写于1815年11月28日。当时，普希金虽然只是皇村学校的学生，未及弱冠，却已经登入诗歌的殿堂，一首《皇村的回忆》，感动得当时诗坛泰斗杰尔查文泪流满面。普希金的最后一封信是他"慷慨赴死"前写给女作家伊什莫娃的（1837年1月27日），几个小时以后，诗人在决斗中受了致命伤，这封信遂成了普希金全部创作的绝笔。不算有待开掘的儿时涂鸦，普希金书简的时间跨度为二十二年。

作为普希金文学遗产的重要组成部分，这些书信真实地记录了诗人参与社会活动、进行文学创作和心路发展的历程。它们反映了诗人在一生不同的阶段中的写作心态、复杂经历、思维方式和广泛兴趣，记述了普希金参与过的诸多文学论争，从而揭示出普希金时代复杂的社会和人文背景。普希金1831年7月6日写信给恰达耶夫时谈到"书信形式"。他说，书信可以无需"谋篇布局"，"这种形式更有权力走笔随意和从容"。或许，正是出于这种理解，普希金写信——不管对方是朋友还是政敌，是亲属挚友还是心怀叵测者，是皇帝显宦还是平头百姓——都真的"信如其人"，从中十分真实地折射出诗人率直、坦诚而毫无做作和谬言的性格特点。俄罗斯学者说得好：这些书信"使读者'直面'诗人，感悟他的思想、情感和心绪"，"一步一步与他共同经历他一生的道路——从'一个恣意而为的'少年时期，直到他人生的最后岁月"。

普希金的书信内容十分广泛，若以时间为纵轴，大致可分为三个时期。

一、圣彼得堡时期（1815 年—1820 年 5 月）

这一时期是普希金的涉世初期。诗人由一位崭露诗歌才气的少年，开始步入宦海和仕途；在文学方面，他已经写下《鲁斯兰和柳德米拉》《自由颂》等重要作品。另外，在俄国动荡的十九世纪之初，诗人加入"绿灯社"，与贵族中的优秀分子发生联系。诗人在与友人频繁的飞鸿中表现出的，是对政治的兴趣和对诗歌创作的投入，以及因此引发出来的多次文学论争。在致茹科夫斯基、维亚泽姆斯基、屠格涅夫和曼苏罗夫等人的最有代表性的信函里，诗人表现出的既有一位初出茅庐者的奔放挥洒，又有对前辈、对友人的恭敬和尊重。

二、流放时期（1820 年 5 月—1826 年 10 月）

1820 年，普希金因创作而开罪当局，被判处流放，先在南俄罗斯的基什尼奥夫、奥德萨等地，后赴父母领地米哈伊洛夫斯科耶村。在与世隔绝的环境里，书信成为普希金宣泄情绪、参与祖国文化生活的主要手段。这个时期，普希金的书信基调亢奋激越，内容涉及甚广，既有对日常生活的描述，也有对政治事件的点评。诗人关心当时在欧洲大陆发生的希腊起义和西班牙革命，毫不掩饰对沙俄专制制度的不满，希望流亡异邦。这个时期，十二月党人在圣彼得堡起事失败，诗人的许多朋友或被处死，或被放逐。普希金因已流放幸免于难，但是，他的书信却毫不掩饰地表示出了对十二月党人的同情。虽然，诗人与十二月党人在政见上分歧颇多，也多次就俄罗斯诗歌的公民性"目的"与雷列耶夫等人展开过书信论辩，但诗人对他们的悲惨遭际深感伤心和失望。他给维亚泽姆斯基的信（1826年8月14日）中惦念他的这些"朋友、兄弟和同道"："你会发现，我的书信写得冷漠枯燥……我现在对写作了无兴致。"众所周知，普希金广为流传的《在西伯利亚矿井的深处……》一诗也是他后来在1827年写信交友人带给流放中的十二月党人的。

流放时期，普希金完成了诗体悲剧《鲍里斯·戈都诺夫》和长诗《茨冈人》等名篇，诗体长篇小说《叶甫盖尼·奥涅金》前六章也已脱稿。这期间，他的书信中不仅多次提到《叶甫盖尼·奥涅金》的创作（1825年1月25日、3月24日等），也大量品评了《聪明悟》（1825年1月底）等俄国文学界里程碑式的作品，并对俄国文学中的古典主义和浪漫主义文艺思潮做出批评，这些评论还涉及莎士比亚、拜伦和法国浪漫主义作家的创作。因为远离国内政治和文学生活的舞台，诗人多以书信参与文学论争，针砭保守的文学批评风气和沙俄的书刊审查制度，希望创办杂志，联系和团结进步作家。

毫无疑问，普希金这个时期的书信应该是最有价值、最耐人寻味的，读来也是最痛快酣畅的。

三、晚期（1826—1837年）

1826年，普希金奉召回到久违的莫斯科。无论是俄国国内的社会生活，还是诗人的个人经历，都出现了表面稳定而内里矛盾四伏的情势。在生活上，1831年的婚娶和家庭生活给诗人带来了融融情趣。在创作上，普希金经历了史称"波尔金诺的金秋"时期：长诗《波尔塔瓦》《青铜骑士》面世，《叶甫盖尼·奥涅金》的创作历经八年，于1831年完成；虽然普希金对诗人从事散文写作不以为意，也还是写就了《别尔金的小说》《黑桃皇后》等足慰平生的散文杰作。但是，苦恼和烦躁并没有遁迹。妻子的轻浮、经营父母领地给创作带来的干扰、与宫廷日趋紧张的关系和与政敌愈加尖锐的矛盾，统统成为诗人书信中的主要内容。

诗人晚期对历史题材产生了浓厚兴趣，多次奔波于普加乔夫起义时的古战场和各地的档案机构。这种居无定所的生活使后代人有幸饱览诗人留下的大量书信。较之早年书信的轻松欢快，诗人晚期的书信多了几分诙谐和随意，妻子越来越频繁地成为他倾吐积愫的对象。这些书信忠实地反映出普希金后期的文学探索、希冀，也在很大程度上凸显了诗人经历的种种危机：创作转型时的痛苦，与妻子的争执，与岳母的龃龉，书刊审查机构的多次粗暴干预，上流社会的恶语中伤，因辞职或告假与沙皇发生冲突，等等。这些表面的危机和诗人心里的危机预示着一个悲惨的结局。由此可见，作者在此期间（特别是在 19 世纪 20 年代末）时时表露出的哀婉和失望的情绪、书信中的频频闪烁其词和以应景式的程式进行写作的文貌，都是顺理成章的。

直到晚期，普希金仍保持着对政治的兴趣。他曾在书信中表达对社会变革的渴求，也在书信中流露出对波兰起义和法国革命的泛斯拉夫主义情绪。

作为俄罗斯文学史上旷古绝今的人物，普希金为后世留下许多或娓娓道来、或语词铿锵的书信佳作。无论是 1820年 9 月 24 日对俄罗斯旖旎风光的描写，或是 1835 年 9 月25 日对故乡景致的感念；也无论是他 1837 年 1 月 25 日对政敌掷地有声的批判，或是在书信中表现出的对果戈理、福克斯、杜罗娃等同辈和后学的良苦用心，读来都会使人动容。

普希金谢世以来，后人撰写的诗人传记汗牛充栋。俄罗斯的或俄罗斯以外的学者从他们的观照和理解，来解释普希金。然而，人们更有理由把普希金的书信当作一部鸿篇巨制式的传记来读。

本书信集前半部分（1815—1830年）由王志耕翻译，后半部分（1831—1837年）由李政文翻译。译者惴惴不安地等待前辈和专家们的批评。

李政文

目录

致 И.И.马尔丁诺夫 [①]

由皇村 [②] 寄圣彼得堡

1815 年 11 月 28 日 [③]

尊敬的伊万·伊万诺维奇大人：

阁下希望我为皇帝陛下的到来写一首短歌 [④]；我正遵嘱在做。——倘若我所描述出的对我们伟大君主的热爱与感戴之情并非完全不相称，而阿列克塞·基里洛维奇伯爵大人 [⑤] 又肯垂怜把一个初出茅庐的诗作者的浅薄的诗作献于皇帝陛下的话，我将不胜荣幸之至！

[①] 伊万·伊万诺维奇·马尔丁诺夫信息失详。

[②] 皇村是圣彼得堡近郊的沙皇离宫所在地。普希金 1811—1817 年在位于该处的贵族学府皇村学校就读。

[③] 以上为原俄文编纂者题注，因其中已提示了书信写作日期和地点，故普希金在信末所署的时间、地点不再重复翻译，以下同。

[④] 指准备为迎接沙皇亚历山大一世战胜拿破仑后率领军队从巴黎返回的仪式上朗诵的《致亚历山大》（1815 年），后仪式取消。

[⑤] 指阿·拉祖莫夫斯基（1748—1822），时任俄国国民教育大臣。

1

有幸与大人相与，还请多多宽囿。

阁下最恭顺的仆人

亚历山大·普希金

19 世纪的圣彼得堡

致 Л.С.普希金 [1]

由基什尼奥夫 [2] 寄圣彼得堡

1820 年 9 月 24 日

亲爱的兄弟，我对不住你的友情，就以一封长信和一番详谈来赎我之过。从勒达 [c] 的蛋说起吧。到达叶卡捷琳诺斯拉夫尔后，我感到寂寞，沿着第聂伯河漫游，洗了一次澡，得了热病，这是我的老毛病。拉耶夫斯基将军带着儿子和两个女儿 [4] 去高加索，在犹太人的农舍中找到了我，正说胡话，没有医生，只有一杯冰冻柠檬水。他的儿子（你知道我们的密切关系，他的大力帮助使我永远难忘）提议我去旅行，去

---

① Л.С.普希金（1805—1852），普希金的弟弟。

② 摩尔达维亚首都，当时普希金被流放至此。

③ 勒达是希腊神话中的仙女，曾为变成天鹅的宙斯生蛋产子。此处意为从头说起。

④ Н.Н.拉耶夫斯基(1771—1829)，1812 年卫国战争的参加者和英雄。这里指他的小儿子尼古拉和女儿玛丽雅、索菲雅。普希金在流放期间与这一家人相处约三个月。

3

洗高加索矿泉水，与他随同的医生① 使我相信路上不会送掉性命，英佐夫② 祝我一路顺风——在马车上我一直病卧着；过了一个星期痊愈了。我在高加索住了两个月；矿泉水对我来说太必需了，帮了大忙，特别是热的硫矿泉。同时我还洗硫酸温泉，冷的铁矿泉和酸矿泉。所有这些医用喷泉彼此间的距离都不远，都在高加索山最末的余脉上。遗憾的是，我的朋友，你没能和我一起观赏这逶迤壮丽的山脉；从远处看它们那冰雪覆盖的峰顶，在明媚的霞光中就好像神奇的彩云，五光十色，凝然不动；遗憾的是你没能和我一起登上陡峭的五峰山顶：别什图，马舒克，铁山，石山和蛇山。高加索地区，亚细亚的炎热带，所有一切都令人兴趣盎然。叶尔莫洛夫③ 在这里名闻遐迩，勋播四方。野蛮的契尔克斯人闻风丧胆；他们古来就有的粗莽行为正在消失。路途之上变得越来越安全，人员庞大的护送队成为多余的了。应该相信，这个被征服的、至今尚未给俄罗斯带来任何实际好处的地区，它

---

① 即 Е.П.鲁德科夫斯基，普希金曾戏称他为"御医"。

② И.Н.英佐夫（1768—1845），当时的俄南疆移民开发委员会主席，普希金流放之初在其手下工作。

③ А.П.叶尔莫洛夫（1777—1861），将军，卫国战争英雄，当时任高加索军军长和格鲁吉亚驻军司令。

将很快使我们与实行正当贸易的波斯人接近起来，将使我们在未来的战争中不会遇到障碍——并且或许拿破仑征服印度的幻想计划能被我们所实现。我到了库班河畔的边防站——欣赏了我们的哥萨克——他们时时刻刻骑在马上，时时刻刻准备战斗，时时刻刻防备着！我还去眺望过自由的山地居民那散布着敌意的田野。我们身边跟着六十个哥萨克，后面拖着填满火药的大炮，带着点燃的炮捻，尽管契尔克斯人现在顺从多了，但不能对他们掉以轻心；为了得到大笔赎金——他们准备着袭击俄罗斯的著名将领。在那里，贫寒的小军官乘驿车赶路是安全的，但一个达官贵人就可能轻易地落到某个车臣人的套马索里。你知道，这种危险的阴影正有助于幻想力的发挥。以后有时间给你读我的黑海和顿河哥萨克见闻录①——现在就不谈它了。从塔曼半岛——古代的特穆塔拉坎公国——望去，克里米亚海岸就展现在我眼前了。我们由海上来到刻赤。我当时想，在这里我将见到米特里达悌陵墓的废墟，在这里我将见到庞梯卡培城的遗迹②——在城外不

---

① 此材料没有保存下来。

② 庞梯卡培是刻赤城的古名，为博斯普鲁斯王国的都城。米特里达悌，本都王国统治家族，公元前2世纪末兼并博斯普鲁斯王国，后败于罗马。

远一座山上的墓地中央，我看见有一堆粗粗雕琢过的危耸的垒石——我注意到上面几个出自人工的梯级。这就是陵墓——古代的塔楼的基础吗？——我不知道。几俄里之外，我们伫留在金岗①上。石阵，凹于地面的沟壑——这就是庞梯卡培城留下的一切。毫无疑问，被岁月所堆积的大地下掩埋着很多宝藏。有个法国人②从圣彼得堡被派来挖掘——但他既缺少资金，又缺少资料，就像我们通常发生的情形一样。从刻赤我们来到卡法③，歇脚在勃隆涅夫斯基④处，这是个为政廉洁、两袖清风而令人起敬的人。现在他受了审判——就像维吉尔笔下的老头⑤一样，在离城不远的海边上种园子。葡萄和扁桃成了他的收入。他不是个睿智的人，但掌有关于克里米亚这个重要而被忽略的地区的大量资料。我们由这儿从海上靠着塔夫里达海岸前往尤尔祖夫，拉耶夫斯基一家就住在那里。夜间在船上我写下了那首寄给你的"哀诗"；还

---

① 俄文原作中有一些未作说明的异体字，为再现原貌译文也以异体字处理，以下不再一一说明。

② 在俄国政府供职的法国侨民A.A.杜勃留克斯，他并非"被派来"，只是热衷于考古发掘。

③ 克里米亚城市费奥多西亚在18世纪前的旧称。

④ C.M.勃隆涅夫斯基，原费奥多西亚市的行政长官。

⑤ 古罗马诗人维吉尔在其《农事诗》中所描写的人物。

没有签名就转归格列奇①了。船驶到一座被杨树、葡萄、月桂和柏树所覆盖的山前；那里到处都掩映着鞑靼人的村落；船停靠在尤尔祖夫。我在那儿住了三个星期。我的朋友。我在尊敬的拉耶夫斯基家中度过了一生中最幸福的时光。我在他身上看到的不是英雄、俄罗斯军队的光荣；我爱他是因为他是一个睿智、心灵纯朴而美好的人，一个胸襟宽大、情殷意切的朋友，一个始终和蔼可亲的主人。他是叶卡捷琳娜时代的见证人，十二年②的纪念碑；一个没有偏见、性格坚强而多愁善感的人，他无意之中会使每一个充分了解和肯定他的崇高价值的人依恋于他。他的长子③将会更有名望。他的几个女儿④都很美，长女是个不平凡的女子。你想想，我是不是幸福啊：在可爱的家庭环境中那种自由自在、无忧无虑的生活；那种我如此喜欢、我从未尽情享受过的生活——幸福的、炎热的天空；美丽的疆域；令想象如愿以偿的大自然——山峰，花园，大海；我的朋友，我的一个心爱的愿望

---

① Н.И.格列奇（1787—1867），俄国作家，《祖国之子》和《北方蜜蜂》的编者。思想倾向自由，20年代后期渐趋保守。"哀诗"即《白昼的星辰熄灭了光芒……》一诗，发表在《祖国之子》上。

② 即1812年的反法卫国战争。

③ А.拉耶夫斯基（1795—1868），卫国战争的参加者。

④ 即玛丽雅、索菲雅、叶琳娜和长女叶卡捷琳娜。

就是再一次见到炎热的海岸和拉耶夫斯基一家。你我能见面吗？会很快相聚一堂吗？现在我独处在令人感到荒凉寂寞的摩尔达维亚，至少给我写封信吧——感谢你的诗，如果写散文我会更加感谢你。看在上帝分上，你要把诗看作一个善良智慧的老婆婆，有时可以顺便去她那儿一下，来暂时忘却那谣言、报纸和生活中的烦杂事务，靠她那可爱的俏皮话和故事图一时快活；但迷恋于她却是荒唐的。米海洛·奥尔洛夫[1]总是兴高采烈地重复着："为俄罗斯人所不知的！……"[2]我也如此。再见，我的朋友！拥抱你。把咱们家的事告诉我。他们是否还都在乡下。我很需要钱，很需要！再见。替我拥抱丘赫里别凯尔和杰里维格[3]。你能见到小莫尔恰诺夫[4]吗？把所有弟兄的情况都写信告诉我。

普希金

---

[1] 米海洛是米哈依尔的爱称，奥尔洛夫（1788—1824），少将，十二月党人，当时在基什尼奥夫供职，他的家是十二月党人的活动地点之一，普希金在该地时与之过从甚密。

[2] 普希金弟弟信中的一句诗，意指俄罗斯人不知"自由"。

[3] 安·杰尔维格（1798—1831）和维·丘赫里别凯尔（1797—1846）均为普希金皇村学校的同学和挚友，诗人。

[4] 或指 П.С.莫尔恰诺夫，文学教授，普希金的好友，或指 H.H.莫尔恰诺夫，皇村学校的学生。

森林守望人

致 П.А.维亚泽姆斯基 [①]

由基什尼奥夫寄莫斯科

1822 年 9 月 1 日

　　你可以想见，你那熟悉的龙飞凤舞的笔迹带给我多大的欢乐。将近三年以来我只是从旁人那里得到一点你的似是而非的消息——内中听不到有关欧洲方面的确切的议论。请原谅，如果我要与你来谈谈托尔斯泰 [②] 的话，你的意见对我十分珍贵。你说我的诗 [③] 很不得体。我明白，但我的意图并不是要挑起一场好玩的文学战争，我是要趁着这个机会以气势猛烈的侮辱来报答那个人含沙射影的讽刺，我曾与他朋友式地分手，每一次都曾满腔热情地维护他，而他却很随意地就把我引为仇敌，拿牵涉到我的信件供沙霍夫斯科依公爵的

---

① П.А.维亚泽姆斯基（1792—1878），俄国诗人，政治立场由追求民主、自由转向反动保守。

② 指 Ф.Н.托尔斯泰，见 1821 年 9 月 21 日寄格列奇信及注释。

③ 《致恰达耶夫》中有关托尔斯泰的诗句。

阁楼 ① 取乐，觉得很好玩。当我被流放时知道了这一切，我认为复仇乃是起码的基督式的品德之一，所以我便在狂怒而无能为力的情况下用报刊的污水从远方泼向托尔斯泰。照你说，刑事诉讼超出了诗的范畴，我不敢苟同。法律之剑所不能达者，讽刺之鞭必可达。贺拉斯的讽刺巧妙、轻松而有趣，面对阴险毒辣的诽谤而泰然自若。伏尔泰也有这种感受。你指责我发表骂那个住在莫斯科的人的话是靠着远在基什尼奥夫，在流放的庇护之下。但那时我并不怀疑我会返回的。我的意思是去莫斯科，只有在那里我才能彻底洗雪清楚 ②。对托尔斯泰伯爵这样公然的进攻并不是出于畏怯。有人说，他给我写了些非常恶毒的东西 ③。报刊家们本应该接受那个在他们的报刊上提出严厉批评的人 ④ 的意见。想想看，我与他们同样见识，这简直气煞我也。然而，该做的我都做了，我再不想跟托尔斯泰打笔墨官司。我会对你有力而明确地证明

---

① 阁楼，以沙霍夫斯科依（见 1816 年 3 月 27 日致维亚泽姆斯基和 1816 年 12 月 28 日致瓦·里·普希金信及注）为首的一个团体。

② 指向托尔斯泰提出决斗。

③ 指托尔斯泰讽刺普希金的诗，其中戏称普希金为"丘希金"（猪崽），并威胁要打他的耳光（《亲爱的朋友，想想你那张脸》）。

④ 指格列奇拒绝刊登托尔斯泰的诽谤之辞的事。

我是对的，但我尊重你与那个同你极少相同之处的人的关系。

卡切诺夫斯基①代表着一种什么样的意见啊！瞧这些彼此相近、大呼小叫的话吧②。我很遗憾，你并不十分看重巴拉丁斯基③的杰出的天才。他比那些模仿者的模仿者更甚，他是那种真正多愁善感的哀诗的俘虏。《希隆的囚徒》④还没读。在《祖国之子》上见到的很优美：

> 他在柱子上，像春天的花，
>
> 高高地悬吊着昂首怒放。

你太让我伤心了——你竟断言你的生气勃勃的诗情已经死去了。如果真是这样——那么就荣誉而言它已活得够了，而对祖国而言它活得太短了。好在我虽不完全相信你，但却理解你。年岁使人趋向于散文，如果你迷恋于它不是开玩笑的话，那就不能不向欧洲的俄国道贺了。不过，你还期待什

---

① 卡切诺夫斯基（1775—1842），历史学家，保守派批评家，《欧洲导报》的编者。

② 原文为法文，伏尔泰的话。

③ E.A.巴拉丁斯基（1800—1844），诗人，普希金对其诗歌颇为赞赏。

④ 拜伦长诗的茹科夫斯基译本。

么？难道你还醉心于普拉德①们每月一次的荣耀吗？请坚持不懈地劳动，在专制下的沉默中写吧，来改进我们的那种在你书信中仍在延续的脱离现实的语言吧——这样上帝会赐福的。那些能读善写的人在俄国将很快会有用武之地，那时我愿与你更加亲密；先衷心地拥抱你。

普

寄给你一篇神学的长诗②——我成了一个御前诗人了③。

---

① 法国批评家，历史学家和政论家。

② 指《加百列颂》。

③ 暗指宫廷对神学的热衷。

19 世纪俄罗斯贵族生活

致 Л.С.普希金

由基什尼奥夫寄圣彼得堡

1822 年 9 月 4 日

在上一个邮班——（对不起：是从道尔戈卢基）——我给父亲写了信，没有来得及给你写，但有些事必须跟你谈谈。

首先，是服役的事，如果你已到了军中，——我有个设想，呈给你来审查。你没有必要去近卫军，做四年的士官生可不是好玩的。况且你需要让人们多少地忘掉你。你最好选定去拉耶夫斯基①军团的一个团——你会尽快成为军官的，然后你就会被调入近卫军——拉耶夫斯基或吉谢廖夫②——两个人都不会拒绝的。好好考虑一下，请你不要轻率：事关一生。——我的亲爱的，现在跟你谈谈我自己吧。你以我的名义去找一下尼基塔·弗谢沃洛日斯基——告诉他，让他看

---

① 即尼古拉·拉耶夫斯基将军。

② П.Д.吉谢廖夫（1788—1872），当时任第二南方军司令，后曾任俄国产业大臣，普希金的朋友。

15

在基督的分上等一等再卖我的诗[1]，等到明年——如果已经卖出去了，就带着这个请求再去找那个买主。我的轻率和我的同伴们的轻率给我造成了麻烦。约有四十份订单已经售出了——很显然，我得为此而付出代价。在《致奥维德》中要做这样的改动：

纳索，来为你无常的命运发出惊叹，

你从小就蔑视军旅生活的动荡不安，

惯于……

说到诗歌，我读了《希隆的囚徒》[2]中的章节，非常出色。

焦急地等待着《奥尔良……》[3]的成功。但是那些演员啊，演员啊！——五音步无韵诗要求一种全新的朗诵方式，我在这儿都听得见格鲁霍廖夫狂热的吼叫[4]。这个悲剧将要用《罗

---

① 指普希金输给弗谢沃洛日斯基的诗歌手稿本，他本打算把它经过征订后出版的，参见1824年11月29日致维亚泽姆斯基及1824年11月上半月致 Л.普希金信及注。

② 拜伦的长诗。

③ 指茹科夫斯基所译席勒的悲剧《奥尔良女郎》搬上舞台的事。

④ 格鲁霍廖夫意为"沉闷的吼叫"，是普希金根据圣彼得堡剧院的演员格鲁哈廖夫的名字经过变音的谐谑处理。

拉之死》①的音调来表演了。高贵典雅的谢苗诺娃②在做什么，她是否还一如既往地被人们团团包围着？上帝保佑吧——但我还是不放心。别忘了通知我这个剧的情况，替我到茹科夫斯基那儿为我拿一张首演的票子。读了丘赫里别凯尔的诗和散文——真是个怪人！只有在他的脑子里才会出现这种犹太人的想法，去歌颂希腊，歌颂辉煌的、古典的、诗意的希腊，那个到处都洋溢着神话气息和英雄主义的希腊③，——而用的是完全从耶利米④那儿来的斯拉夫俄罗斯诗体。荷马和品达会怎么说呢？——但杰里维格和巴拉丁斯基是怎么说的？《叶尔莫洛夫颂》⑤好些，但这句诗"爱着苏沃洛夫的杰尔查文这样为他歌唱……"太希腊化了——那首致格里鲍耶陀夫的诗不愧是曾经写过这样的诗句的诗人的手笔："恐怖伴着钟声将惊惶的人们一群群驱赶到神圣的庙堂。你瞧瞧，上帝呀！伟大的人啊，这众多忧伤的人们，请求你为他们完整地保存

---

① 德国作家科采布（1761—1819）的一部夸张的悲剧。

② 圣彼得堡的著名女演员。

③ 普希金这里说的是丘赫尔别凯尔的诗《主对我的谕示》。

④ 耶利米是古犹太人的先知，据说《圣经》中的《耶利米书》即为其所作。

⑤ 指丘赫里别凯尔的诗《致叶尔莫洛夫》。

下——这属于大多数人的著作"等等。你可以去问问杰里维格男爵[①]。

巴丘什科夫对普列特尼奥夫发火是对的[②]；处在他的地步我也会怒不可遏的——《来自罗马的巴……》缺少人的思想，尽管他的《奥林匹斯山上的新闻》非常可爱。我一直认为，普列特尼奥夫的散文胜于他的诗歌——他的诗没有任何情感，没有任何生动性——他的文体就像死尸一样苍白无力。替我致以问候（指的是对普列特尼奥夫，而不是对他的文体），并请他相信，他是我们的歌德。

亚·普

父亲突发奇想，给我寄了一件衣服来，——代我转告他

---

① 丘赫里别凯尔的上述诗句是他与普希金及杰里维格在皇村学校就读时所作，当时成为大家经常嘲笑的对象。

② П.А.普列特尼奥夫（1792—1865），作家，出版家，普希金的密友之一，巴丘什科夫从特普利采给格涅季奇写信，对普列特尼奥夫的诗《来自罗马的巴（丘什科夫）……》表示愤怒，因为这首拙劣的诗歌会被误认为是巴丘什科夫自己所作。从而令人相信巴丘什科夫因精神病症导致诗歌才能衰退。

这件事①。

还有件事——告诉斯廖宁，让他把下半年的《祖国的狗崽子》②给我寄来。可以从他欠的账上减掉这笔钱。

我的亲爱的，你们那儿有人写"中午的朝霞透进赫梅尔尼茨基的牢狱"③。这并非赫沃斯托夫④写的——而这正是让我伤心的——杰里维格是干什么吃的？他管的是什么事！

谢尔盖·李沃维奇·普希金

---

① 原文为法文。

② 指格列奇办的《祖国之子》。

③ 这是雷列耶夫的沉思诗《波格丹·赫梅尔尼茨基》中的错误。

④ H.H. 赫沃斯托夫（1757—1835），平庸而多产的诗人，普希金常常嘲讽的对象。

19

致 Л.С.普希金

由奥德萨寄圣彼得堡

1823 年 8 月 25 日

　　我的亲爱的人，我想给你写一整部长篇小说——最近三个月我的生活经历。情况是这样的：我的身体早就需要疗以海水浴，我好不容易说服了英佐夫，希望他允许我去奥德萨——我才离开了我的摩尔达维亚，来到了欧洲。饭馆和意大利歌剧激起了我的怀旧之情，凭着上帝说，我的心灵焕然一新了。同时沃隆佐夫也到了这里，他十分亲热地接待了我，对我说，我转入他的属下了，将留在奥德萨——看样子不错——但新的悲哀又压抑着我的心胸——我开始惋惜我所抛掉的锁链。又到基什尼奥夫去了几天，这几天是在莫可名状的悲哀中度过的——我永远离它而去了，我为基什尼奥夫而感喟①。现在我又到了奥德萨，而仍旧不能习惯欧洲的生活方式——当然，除了剧院我还哪也没去。图曼斯基②在这儿。他是个可爱的好人，但有时也带来害处——比如他给圣彼得堡写信，里面顺便就谈到我：普希金立刻就对我敞开了自己的心扉和皮包③——爱情啊等等——一串B.科兹洛夫④式的句子。是这么回事，我给他读了《巴赫奇萨赖的泉水》（我的一部新长诗）中的几个片断，并说我不打算发表它，因为很多地方涉及到一位女子，我曾很久而很蠢地爱过她，彼特拉克的角色不合我意。图曼斯基把这当成了真诚的信任而把我封为沙里科夫⑤了——帮帮忙吧！——拉依奇⑥也在这儿。你知道他吗？叛徒罗坚科也要来——我急不可耐地等着他。给我写信到奥德萨——让我们谈正经事吧。

　　对我的父亲解释一下，我没有他的钱是活不下去的，在

---

① "我开始惋惜……而感喟"，这是普希金套用茹科夫斯基所译英国诗人拜伦的《希隆的囚徒》中的诗句。

② В.И.图曼斯基，诗人。

③ 原文为法文。

④ В.И.科兹洛夫，平庸诗人。

⑤ П.И.沙里科夫，献媚诗人，"俄罗斯语言爱好者座谈会"成员。

⑥ С.Е.拉依奇（1789—1855），诗人，编辑家。

如今的书刊审查之下靠笔杆子我不能生活；木匠手艺我没学过；教书匠我也做不来；尽管我懂得神学法规和初等四则运算——我在服役呀，身不由己——辞职不干也不可能。——所有的事，所有的人，都在欺骗我——那么不依赖于亲友还希望于谁呢。我不会去过靠沃隆佐夫混饭吃的日子——看到我的父亲对我的境况漠不关心我感到痛心，尽管他的信非常热情。这使我想起了圣彼得堡——当我病着的时候，别管秋天道路泥泞，还是寒风刺骨，每当我从安尼奇科夫桥雇马车夫时，他总是为八十个戈比而吵骂（无论是你还是我把这点钱送给仆人都不会吝惜的）。再见，我的亲爱的人，忧郁伴随着我——这封信也未能使我快活起来。

照你说的，我将把《泉水》[①] 寄给维亚泽姆斯基——删掉了爱的呓语——可惜！

---

① 指长诗《巴赫奇萨赖的泉水》。

普希金的父亲

致 A.A. 杰里维格

由奥德萨寄圣彼得堡

1823 年 11 月 16 日

　　我的杰里维格，你所有的信我都收到了，并且几乎每信必复。昨天我脑海中又浮现起①皇村学校的生活，心中充满荣幸和为此对你和我的普辛的感激之情②！你们感到寂寞，我们感到寂寞：还是给你们来一番老生常谈吗？我的亲爱的人，你写得太少了，至少是发表得太少了。不过，我是在亚细亚生活，读不到你们的杂志。前几天你的几首优美的十四行诗落到我手里——我带着贪婪和欣喜之情读了它们，并感激你对我们的友谊那充满灵感的回忆。我赞同你对雅济科夫的那些期望和昔日对巴拉丁斯基的贞洁无瑕的缪斯的爱。我期待却没有期待来你们的诗歌问世；只要我收到它们，我

---

① 普希金这里用茹科夫斯基《十二个睡美人》开场白中的诗句。

② H. 普辛（1798—1859），十二月党人，普希金皇村学校的同学。这里谈的是普希金收到了杰里维格和普辛的信。

24

会宰杀羔羊，赞美上帝——以彩饰来装点我的蓬庐——尽管比鲁科夫①会认为这过于放荡。我不喜欢对格涅季奇的讽刺②，枉费了漂亮的诗句；其中胡椒太少；"不穿制服的索莫夫"这种称呼是不可原谅的。对一个作家的独立不羁加以嘲笑，难道是与一个学识渊博的人、一个俄国讽刺作家相称的么？这是个适合于十四等文官伊兹迈洛夫③的玩笑。我同样也期待着《北极星》。很遗憾，我的哀诗是与宗教和政府反其道而行之的：我成了半个赫沃斯托夫——我喜欢写诗（但不喜欢誊抄），不喜欢交去发表（但喜欢看到它们发表）④。你要《巴赫奇萨赖的泉水》。前几天把它寄给维亚泽姆斯基了。这是些不相连贯的片断，为此你会数落我一通，并照旧夸奖几句的。我现在正写一部新的长诗⑤，其中我的饶舌极多。比鲁科夫不会看到它，因为他是个坏孩子，是个胡闹的

---

① 书刊审查官。

② 指巴拉丁斯基的文章《致建议作家写讽刺的格涅季奇》；在"俄罗斯语言爱好者座谈会"的争论中，巴拉丁斯基本来是中立派，但在这篇文章中对格涅季奇进行了讽刺。

③ А.Е.伊兹迈洛夫，寓言作家，《良民》杂志的出版者。

④ Д.И.赫沃斯托夫（1757—1835），平庸诗人，他在《致德米特里耶夫》诗中有句为"我喜欢写诗并交去发表"。

⑤ 指《叶甫盖尼·奥涅金》

孩子。上帝才知道什么时候我们才能一起来读它——寂寞啊，我的亲爱的人！这就是我的生活的副歌。要是列夫弟弟一下来到奥德萨我的身边就好了！他在哪儿，他怎么样？我一概不知。朋友们，朋友们，该是让我以流放的荣耀来换取相逢的欢乐的时候了。是不是罗西尼带着意大利歌剧到你们那儿去了？——我的上帝！这可是代表着天堂之乐啊。我可苦闷羡慕死了。

亚·普

叫人把德文的《俘虏》① 寄给我

---

① A.E.乌尔费特所译《高加索的俘虏》的德文译本（1823 年）。

普希金

致 Л.С.普希金

由奥德萨寄圣彼得堡

1824年1月（12日以后）—2月初

因为等着托人带信，所以草草写信给你。尼·拉耶夫斯基①在这里。关于你，他给我带来了一点粗略的消息；为什么你对他那么客套，也不来与我会面？没钱吗？可以以后再还账——可上帝才知道我们何时能相逢。你可知道，我曾两次通过伊万·伊万诺维奇②的大臣们向他请求退职——但两次都随即受到圣上仁慈的拒绝。只有一个办法了——直接写信给他——那个住在彼得罗巴甫洛夫斯基要塞对面的冬宫中的人，而不能悄悄地拿起手杖和帽子就去康斯坦丁诺波尔③观光了。神圣的罗斯在我看来变得无法忍受了。哪里惬意，哪

---

① 拉耶夫斯基将军的小儿子。

② 指沙皇亚历山大一世。

③ 伊斯坦布尔的旧称。

里就是祖国 ①。而哪里令我超然物外，哪里有弟兄们，我在哪里就惬意。假如有钱，我又该去哪里取呢？至于荣誉，在俄国是很难享有它的。俄国的荣誉可以向圣彼得堡的熟人们正对之献媚的任何一个瓦·科兹洛夫去献媚，而一个稍有自尊的人对此二者都不屑一顾。但你为什么歌唱 ②？我来回答拉马丁的这个问题——我歌唱，就像面包师要烤制，裁缝要做衣，科兹洛夫要写作，医生要折磨病人一样——为了钱，为了钱，为了钱——我就是这样赤裸裸地厚颜无耻。普列特尼奥夫给我写信，说《巴赫奇萨赖的泉水》所有的人都拿到手了。感谢你们，我的朋友，感谢你们对我的荣誉的慈爱的关怀！特别要感谢屠格涅夫，我的恩人；感谢沃耶依科夫 ③，我的高尚的庇护者和有口皆碑的朋友！仍想知道，那些有了完整手稿的人是否能买印刷本，哪怕只是一本呢；但这是微不足道的事——诗人不应该作稻粱之谋，而应该像科

---

① 这里及以下的"惬意"一词，原文均为拉丁文。

② 原文为法文，出自法国诗人拉马丁《弥留的诗人》中的诗句。

③ 屠格涅夫（亚·伊）和沃耶依科夫曾把未出版的《巴赫奇萨赖的泉水》的手稿与人传看。

尔尼洛维奇 [①] 那样，带着博取女性微笑的希望去写作。我的亲爱的人，我苦恼而厌烦——什么东西都不屑一顾，一切都那么龌龊，那么可耻，那么愚蠢——这还会长久下去吗？谈到龌龊的事——我读了洛巴诺夫 [②] 的《费德尔》——曾想给它写篇评论，不是为了洛巴诺夫，而是为了拉辛侯爵——但还是搁笔了。关于这个本子你们那里议论纷纷，你们的报刊上把它称为拉辛先生的著名悲剧的最优美的译本！把"你们想找到他的足迹吗" [③] 译成：

> 你希望找到
>
> 忒修斯的炎热的足迹和黑暗的道路——

他妈的还押韵呢！原来都是这么译的。除了充满理性、

---

① A. 科尔尼洛维奇 (1800—1834)，十二月党人，历史学家，作家；普希金指的是他献给男爵夫人 A. E. A. 的文章《论彼得一世时期俄国宫中的娱乐》。

② M.E. 洛巴诺夫 (1787—1846)，诗人，剧作家，翻译家，普希金对他评价颇低。《费德尔》是其翻译的拉辛的剧作。

③ 原文为法文。普希金对译文中无意义的藻饰感到愤慨。

精确与和谐的诗句外，伊万·伊万诺维奇·拉辛①还靠什么呢？《费德尔》的结构和人物性格在构思上都愚蠢和乏味至极——忒修斯无异于莫里哀们笔下的第一个戴绿帽子的人；希波吕托斯，"目空一切的、骄傲的、甚至有几分野蛮的希波吕托斯"②，冷峻粗野的希波吕托斯……③——无异于一个温文尔雅的孩子，彬彬有礼，恭敬如仪——

　　　　用如此恶毒的谎言……④

　　读一读这一整段大受赞扬的诗句，你就会确信，拉辛不懂得塑造悲剧人物。把它和拜伦笔下的帕里西娜⑤的情郎的话比较一下，你就会看到智慧的差别。而修道院长和皮条

────────

① 这里给拉辛冠以俄式称呼，讽刺洛巴诺夫的译文已使拉辛失去了本来面目。

② 原文为法文。

③ 原文缺损或删节。

④ 原文为法文。这是《费德尔》中第二幕第四场希波吕托斯对忒修斯表白时的话。

⑤ 拜伦同名长诗中的人物。

匠特拉蒙呢——"无论你们自己在哪里"[①]等等……简直愚蠢透顶！我同雷列耶夫和解了[②]——《沃依纳罗夫斯基》[③]充满着生活。丘赫尔[④]怎么样？我会给杰里维格写信，但如果来不及的话，你告诉他，让他去屠格涅夫那里拿《先知奥列格》，把它发表。我也许会把《奥涅金》的几个片断寄给他；这是我最好的一部作品。不要相信咒骂它的尼·拉耶夫斯基——他从我这里期待着浪漫主义，发现的却是讽刺和厚颜无耻，作为循规蹈矩的人就搞不清楚了[⑤]。

---

① 原文为法文。第一幕第一场中特拉蒙劝说希波吕托斯注意阿丽西时说的话。

② 详情见 1824 年 1 月 12 日致别斯图舍夫信。此信本书未收录。

③ 《沃依纳罗夫斯基》和以下说到的《先知奥列格》均为雷列耶夫的诗作。

④ 指丘赫里别凯尔。

⑤ 同雷列耶夫和别斯图舍夫一样，拉耶夫斯基赞赏普希金早期的抒情风格，而《奥涅金》第一章中更多的是叙事化的现实生活描述。

普希金的坟墓

致 A．A．别斯图舍夫[①]

由奥德萨寄圣彼得堡

1824 年 2 月 8 日

看来你没有收到我的信。我不再重复那些说一次已经够了的话。谈一下你登在《北极星》上的中篇小说[②]。它之出色是去年发表的那些东西所不可比拟的（即更为引人入胜），这意义重大[③]。科尔尼洛维奇是个颇有名望的人，许下的愿很多——可他为什么总要为了某某女士的温情厚意而写作，要等来女性的令人振奋的微笑才继续他那有趣的著作呢[④]？这一切都陈腐、多余，并散发着过多的沙里科夫式的稚气。

---

① 别斯图舍夫·马尔林斯基（1797—1837），亚历山大·亚历山德罗维奇·别斯图舍夫的化名。俄国小说家。

② 指《奈高津要塞》。下面所说的"去年发表的"指《罗曼与奥尔加》等。

③ 原文为法文。

④ 见上封信及注。

布尔加林① 说，尼·别斯图舍夫的特点是思想的新颖②。"思想"这个词是本可以用十分尊敬的口吻讲出来的。荒诞故事很美；建议你对这个森科夫斯基要抓住不放③。在诗人中间我看不到格涅季奇，这令人遗憾；也没有雅济科夫——替他惋惜；阿·罗坚科的（下流的）调情诗本该留给已故的纳希莫夫④，"昨天……我爱着并思索着"将来要载入语法课本作为空洞词句的范例。普列特尼奥夫的《故乡》很不错，巴拉丁斯基——堪称神奇⑤——而我的几首短诗很糟糕。这是我对于《北极星》的全部看法。

很高兴我的《泉水》⑥引起反响。结构的缺陷不是我的过错。我很迷信地把一个年轻女子的故事改写成了诗歌。

---

① Φ.B. 布尔加林（1789—1859），作家，反动报纸《北方蜜蜂》的编者。

② H.A. 别斯图舍夫（1791—1855），A.A. 别斯图舍夫之兄，作家，史学家，海军大尉。这里指他的文章《论海上的欢乐》。

③ O.Π. 森科夫斯基（1800—1858），编辑家，东方学家，后来成为普希金的对头。这里指其荒诞故事《黄马勇士》。

④ A.R. 罗坚科，当时的末流诗人；A.H. 纳希莫夫（1783—1815），末流讽刺诗人。

⑤ 指巴拉丁斯基发表在《北极星》（1824年号）上的《阿革拉伊亚》《罗马》等诗作。

⑥ 即《巴赫奇萨赖的泉水》。

我使她诚实可爱之口所发之声

合于诗的娇嫩的法则。①

不过，我写它只是自娱而已，而发表它是因为钱的需要。

第三点，也是最必要的一点，是要"不客气地"谈谈讽刺诗的事：你向我要十首短诗，好像我有千百首似的。我连五首也未必能拿得出来，并且还不要忘记我和书刊审查机关的关系。从你那里白拿钱我不干；况且我答应了丘赫里别凯尔，他无疑比你更需要我的诗②。对我的长诗③也没什么可指望的——如果有朝一日它发表了，那无疑不是在莫斯科，也不是在圣彼得堡。再见，问候雷列耶夫，拥抱杰里维格、弟弟和弟兄们。

------

① 原文为法文，这是法国诗人、政论家安德列·谢尼耶的诗《少年女俘》中的句子。

② 指普希金为丘赫里别凯尔和奥陀耶夫斯基编纂的文集《谟涅摩绪涅》写诗的事。谟涅摩绪涅是希腊神话中的记忆女神。

③ 即《叶甫盖尼·奥涅金》。

普希金的雕像

致 П.А.维亚泽姆斯基

由奥德萨寄圣彼得堡

1824 年 6 月 7 日

你的妻子今天到达,给我带来了你的几封信和瓦西里·里沃维奇[1] 的献诗,其中他对我谈到:"你将同一位美丽的公爵夫人[2]生活";别信他的话,我的亲爱的人,不要吃醋。你的几封信给我带来了多方面的快乐:看来,你在写了你的讽刺诗[3]之后平静下来了。早应该这样! 在我们这些楚瓦什人[4]中不存在批评,而棍棒又未免有失体面;至于决斗连想一想也是笑话和罪过:它引来的往往是"啧啧"的挑斗

---

① 即普希金的伯父。

② 即维亚泽姆斯基的妻子。

③ 针对 M.A.德米特里耶夫对维亚泽姆斯基的《巴赫奇萨赖的泉水》序言的批评而作。

④ 俄国少数民族。这里含有"不开化"之意。

和嘘声。把格里鲍耶陀夫的讽刺诗①给我寄来。你有一个不确切的地方："那样的 Визг"，应为"Писк"②，不过它很优美。你谈的关于杂志的想法早就在我脑子里转悠了。问题是对沃隆佐夫不要抱有任何期望，他对除了他之外的一切都漠不关心；文艺依赖庇护的事早已不时兴了。我们谁也不去指望文明权贵的慷慨庇护，这些已经随着罗蒙诺索夫一起化作腐朽了。我们当今的文学不但是，而且必须是高尚而独立的。我们必须要独自来承担事业，团结一致。但很不幸！我们都是些懒汉加懒汉——材料有了，使用材料的人有了，但将来推动这一切的那个铅锭在哪儿呢③？去哪里寻找我们的组织者，或者说，我们的卡切诺夫斯基？用米隆诺夫④的话来说——即使对《欧洲导报》的出版者来说，在这方面也不需要智慧，要求的只是（……）⑤。此外不幸的是：

---

① 指维亚泽姆斯基针对 М.А.德米特里耶夫和 А.И.皮萨列夫写的讽刺诗。

② "Визг"意为："人的尖叫声"，"Писк"为"动物的尖叫声"，后来，维亚泽姆斯基按普希金的意见对此诗做了改动。

③ 原文为法文，意为"没有一个不顾一切而打头阵的人"。

④ М.В.米隆诺夫，讽刺诗人。普希金引用他对卡切诺夫斯基的讽刺诗。

⑤ 原文缺损或删节。

你是个宗派主义者①，而这里多而又多地需要的是宽容；我同意在我们这伙人的名录中见到伊·伊·德米特里耶夫，而你是否在我的卡捷宁的问题上对我让步呢？我宣布脱离瓦西里·里沃维奇，你是否脱离开沃耶依科夫②呢？更不幸的是：我们天各一方，真是糟糕透顶——我们之间的联系困难重重，不能同心同德；"凑巧"这个珍贵的词时时刻刻都在从我们身边溜走。首要的事情是必须对所有杂志严加管束，使它们保持"恭敬"——如果我们能聚在一起，来在明天发表我们于昨天晚饭后商定的东西，那么事情就再容易不过了；而现在请你从莫斯科把对布尔加林那些拙劣表现的见解告知奥德萨，把它寄给圣彼得堡的比鲁科夫，然后过两个月发表在"语误评述"③上。不，我的心爱的阎王，我们不去想它吧，鹬离彼得节远——老太婆离尤里节更远④。

　　我很高兴能用我的几个钱为你效劳，行行好，不要匆忙

---

① 原文为法文。

② 普希金与维亚泽姆斯基在对待上述作家的态度上有分歧，普希金不主张维亚泽姆斯基与沃耶依科夫合办《文学新闻》杂志。

③ 原文为法文。

④ 彼得节为百鸟罢啼日，此前须不停啼叫；尤里节农妇可走出主人家游玩。此俗语意为"一个虚幻的愿望还离得很远"，有望梅止渴意。

花掉①。我将把《奥涅金》的第一章连同夫人一起送交给你。或许随着内阁的变动②它能发表出来——现在有人提出付我两千卢布出《高加索的俘虏》的第二版。你看如何？是否赞成？要知道第三版我们就不会放手了。

再见，亲爱的！这封信是在床上醉醺醺地写的——复信来。

普希金

---

① 《巴赫奇萨赖的泉水》第一版卖的钱在维亚泽姆斯基手中。

② 指 A.C.希什科夫接替蒙昧主义者戈利岑任国民教育大臣。

致 Ⅱ.А.维亚泽姆斯基

由奥德萨寄莫斯科

1824 年 6 月 24—25 日

我等到特鲁别茨基 [①] 要走了,才草草给你写信。就从关涉最近的事来谈起吧。我与沃隆佐夫吵了一通,与他进行了一番书信辩论,辩论以我这一方的辞职申请而告结束。但当局如何了结还不得而知。梯维里 [②] 将为有吹毛求疵的机会而高兴了;而欧洲方面关于谢扬伯爵 [③] 的欧化思维方式的议论也将把全部责任都推到我头上。暂时不要对任何人谈这件事,我的头都搞昏了。从你给维拉公爵夫人的信件中看得出,你对丘赫里别凯尔的事 [④] 感到厌恶;你为拜伦感到忧伤 [⑤],我

[①] Н.Ⅱ.特鲁别茨基,公爵,普希金托他带走此信。

[②] 罗马皇帝,此处指亚历山大一世。

[③] 梯维里的近臣,此处指沃隆佐夫。

[④] 指他与叶尔莫洛夫将军的侄子的决斗的事。

[⑤] 拜伦于 1824 年 4 月 19 日去世。

却高兴把他的去世看作诗的伟大描写对象。拜伦的才能随着他的青春年华的消逝而黯然失色。在他的悲剧中，不排除《该隐》，他已经不是那个创造了《异教徒》和《恰尔德·哈洛尔德》的狂暴的魔鬼了。《唐璜》的前两章比后面的出色。他的诗风明显地发生了转变。他整个儿被相反地创造了；这其间没有渐变的过程，他突然就成熟起来，进入壮年——一曲唱罢旋即缄默无声；他的最初的声响一去而不复返——在《恰尔德·哈洛尔德》①的第四章之后我们就听不见拜伦了，那已是另外某个有着人类优异才能的诗人所写。在他的"英雄"的第五章中歌唱他的死亡——你的这个想法很妙②——但我无能为力——希腊的事把我搞得焦头烂额③。关于希腊人的命运可以讨论，就像讨论我的黑人兄弟的命运一样，应该对他们两者从忍无可忍的奴役下解放出来寄予希望。但让所有文明的欧洲人都来关心希腊——这是一种不可原谅的幼稚。耶稣教徒喋喋不休地对我们宣讲泰米斯托克利和伯里克

---

① 原文为英文。

② 维亚泽姆斯基曾经打算续写《恰尔德·哈洛尔德》第五章，以把拜伦之死的内容加上去; 法国诗人拉马丁曾将类似的想法付诸实现。

③ 指希腊的民族起义及对奥德萨的影响。

利①，而我们试想一下，由强盗和小商贩组成的乌合之众，能是他们正宗的嫡亲后裔，能是他们学院式光荣的继承人吗？你说我改变了自己的看法；你如果到奥德萨我们这里来看看米尔提拉德的同胞们，那你就会赞同我了。你再去看一下几年前拜伦本人在谈《恰尔德·哈洛尔德》的意见中所写的②——其中他引用了法国的、记得是驻士麦拿的领事福维尔的见解——不过我答应你写些纪念这位大人之死的未必成样子的诗。

我想同你谈谈内阁变动的事。对此你有什么想法？我亦喜亦忧。每一个俄国人早就知道的一句格言是"越坏越好"。感谢俄国的上帝，俄国的反对派是由我们的鱼龙混杂的作家组成的，他们已陷入了一种焦急不安的状态，我曾怀着某种期待对此私下里进行过揶揄。而现在，正像可以允许费特·格林卡③对他的情人所说——她奇妙绝伦，她有一双天神般的眼睛，爱情是一种神圣的情感——一样，这一群混蛋会再次

---

① 与下面提到的米尔提拉德均为古希腊雅典军事统帅。

② 拜伦在《恰尔德·哈洛尔德》第二章注释中批评了当时希腊人的风气。

③ 即费多尔·格林卡，1825 年普希金曾写献诗给他，并用古罗斯字母"θ"（费特）书写他的学名。

安静下来的，各杂志依旧会撒谎，官员依旧，罗斯依旧——看希什柯夫如何做这台弥撒……① 从另一个角度来看，钱，《奥涅金》，《古兰经》至高无上的训诫 ② ——都是出于我的利己主义。另外，我已让弟弟去卖《高加索的俘虏》的第二版。很需要钱——而（如人所说）第三版我们就不会放手了。但你把我搞得狼狈不堪；你会给我钱，但鬼知道你又会跟谁惹上麻烦 ③。你是个好勇斗狠的出版者——而格涅季奇虽然不是个有利可图的朋友，但也不会白给别人一个戈比，而是乖乖地办自己的事，不会同卡切诺夫斯基或者德米特里耶夫恶语相向 ④。

亚·普

---

① 原文缺损或删节。

② 这是普希金长诗《巴赫奇萨赖的喷泉》中的诗句，此处诗人可能暗喻他当时需用钱绝不亚于伊斯兰教徒需要《古兰经》。

③ 参见 1824 年 6 月 7 日致维亚泽姆斯基信及注。

④ M.A. 德米特里耶夫和卡切诺夫斯基就《巴赫奇萨赖的泉水》与维亚泽姆斯基进行过争论。

普希金

致 Ⅱ.А.维亚泽姆斯基

于奥德萨

1824 年 7 月 5 日

在历史上法国人丝毫也不比英国人差。如果说有什么可堪称首举的，那么你记得，伏尔泰是第一个走出新路的人——他作为一颗哲学巨星照亮了黑暗的历史档案库。罗伯特逊[1]说，如果说伏尔泰难以指明自己的言论的出处，那么，他，罗伯特逊，就根本没有写过自己的《历史》。其次，莱蒙特[2]是 19 世纪的天才——读一读他的《论路易十四王朝》，你就会把他置于休谟和罗伯特逊之上。拉波·德·圣艾蒂安[3]——则糟糕透顶。

---

[1] 威·罗伯特逊（1721—1793），苏格兰历史学家。下文中的《历史》，指他写的《卡尔四世王朝史》。

[2] 莱蒙特（1762—1826），法国历史学家。

[3] 拉波·德·圣艾蒂安（1743—1793），法国大革命时期的吉隆特派，制宪议会的国民公会成员。

对于法国来说浪漫主义时代还没有到来——拉文[①]正在亚里士多德的旧罗网中搏杀——他是悲剧作家伏尔泰的门徒，而不是大自然的学生。

一切名为浪漫主义的新诗集——都是法国文学的耻辱[②]。

拉马丁的《拿破仑》和《弥留的诗人》写得好——一般地说是好在某种新的和谐。

没有人比我更不喜欢优美动人的安德列·谢尼耶，但他是古典主义者中的古典主义者——他浑身都散发着古希腊诗歌的味道。

记住我的话：在拉辛和布瓦洛的祖国，那第一个天才将投身于那种疯狂的自由，投身于那种文学的烧炭党精神，如同你的德国人[③]一样——然而目前法国的诗歌还不如我们。

---

① 即德拉文（1793—1843），法国诗人。

② 原文为法文。

③ 指为维亚泽姆斯基所推崇的德国浪漫主义文学。

海边的普希金

致 K.Ф.雷列耶夫

由米哈伊洛夫斯科耶寄圣彼得堡

1825 年 1 月 25 日

感谢你，为了你和信。普辛将把我的《茨冈人》片断带给你①。希望你能喜欢它们。我焦急地等待着《北极星》，你知道为什么吗？为了《沃依纳罗夫斯基》②。我们的文学需要这部长诗。关于《奥涅金》别斯图舍夫给我写信谈了很多——告诉他，他的看法不对：难道他想把一切轻松愉快的东西都从诗的领域中驱逐出去吗？讽刺作品和喜剧都放到哪儿去呢？难道因此必须要消灭《疯狂的罗兰》③《休迪布拉

---

① 普辛当月中旬曾去米哈伊洛夫斯科耶看望普希金，走时将《茨冈人》片断带到圣彼得堡，准备发表在《北极星》上。

② 雷列耶夫的长诗。

③ 原文为意大利文。阿里奥斯托的长诗。

50

斯》①《少女》②《喂—喂》③《莱尼克—费克斯》④，以及《心肝宝贝》⑤的好的部分、拉封丹的童话和克雷洛夫的寓言等等，等等，等等，等等，等等……这苛刻了一点。上流社会生活画面正走进诗的领域，但够了，不谈《奥涅金》了。

我赞同别斯图舍夫对普列特尼奥夫批评文章⑥的看法，但不完全同意他对茹科夫斯基的苛刻论断。我们为什么要咬自己奶娘的乳房呢？因为小牙长出来了吗？无论怎么说，茹科夫斯基对我们的文学精神都具有决定性的影响；况且他的翻译文体将永远堪称典范。噢！这对我来说就是个文学的共和国。何必要惩罚有加，又何必要封官加冕呢？至于说到巴丘什科夫，我们尊敬的是他的不幸，而不是那成熟了的希望。再见，诗人。

---

① 英国讽刺诗人布特列尔（1612—1680）的讽刺长诗。

② 原文为法文，即伏尔泰的反教会的滑稽长诗《奥尔良少女》。

③ 法国诗人格雷莱（1709—1777）的滑稽长诗《喂—喂》，又名《女修院的鹦鹉》。

④ 原名应为《莱涅克－里斯》，歌德加工的中世纪讽刺长诗。

⑤ 伊·费·波格丹诺维奇（1743—1803）嘲讽古典主义的长诗。

⑥ 指《致 С.И.С.伯爵夫人的信—论俄国的诗人》（载《北方花朵·1825 年》），文章概述了从杰尔查文至普希金的诗歌，认为茹科夫斯基是俄国诗歌"黄金时代"的第一诗人。别斯图舍夫在给普希金的信中对此提出批评意见。

致 Ⅱ.А.维亚泽姆斯基

由米哈伊洛夫斯科耶寄莫斯科

1825 年 4 月 7 日

今天是拜伦的忌辰——我约定从傍晚开始为他做安魂弥撒。我的神甫对我的虔诚大为惊异，并把为上帝的奴仆、贵族格奥尔基安魂而取出的圣饼授给了我。我把它寄给你。

《奥涅金》[1] 正在誊抄，它将马上呈在你的面前。

我刚刚收到了《沃依纳罗夫斯基》和《沉思》诗并普辛的信 [2]——塞里瓦诺夫斯基 [3] 提出，以一万二千卢布买下三部长诗，看来，考虑到印刷业诈骗的新勾当，我得加以拒绝。《巴赫奇萨赖的泉水》已经重印。

再见，亲爱的，我感到忧郁，脑子里一点儿想法也没有——问候夫人。对你们夫妇我是忠心不二的。

---

① 指诗体长篇小说《叶甫盖尼·奥涅金》的第二章。

② 指普辛 1825 年 3 月 12 日致普希金的信及转寄雷列耶夫的作品。

③ 书籍销售商。后面谈到的"新勾当"的传闻并非事实。

普希金

致 A.A.别斯图舍夫

由米哈伊洛夫斯科耶寄圣彼得堡

1825 年 5 月末至 6 月初

我来答复你的《一瞥》的第一条。罗马人的庸人时代发生在"天才们"的时代之前[1]——把"天才"这个名头从这样一些人，如维吉尔、贺拉斯、提布卢斯、奥维德和卢克莱修的头上取消是个过错，尽管他们[2]（除了后两位）走的都是一条模仿的主线。希腊式的批评我们没有。在意大利，但丁[3]和彼特拉克先于塔索和阿里奥斯托，这二人又先于阿尔菲耶里和福斯科洛。在英国人中弥尔顿和莎士比亚写作于艾迪生和蒲柏之前，后者之后是骚塞、瓦尔特·司各特、穆尔

_____

① 这是别斯图舍夫的文章《俄国文学之一瞥》中的说法。

② 请原谅！贺拉斯不是模仿者。——普希金原注

③ 与下面的彼特拉克、阿尔菲耶里及福斯科洛的名字原文为意大利文。

和拜伦 ①——从这里面很难得出什么结论或规律来。你的话完全可以适用的只有法国文学。

　　"我们有批评，但没有文学"。你这种说法是从哪儿得来的？其实，恰恰是我们的批评很薄弱。罗蒙诺索夫 ② 和赫拉斯科夫 ③ 的声望就是在这种情况下出现的，如果说后者的声望在公众的心目中下降了，那也显然不是由于梅尔兹里亚科夫的批评 ④。杰尔查文 ⑤ 的四分之一是金、四分之三是铅的偶像至今尚未得到评价。《费丽查颂》与《权贵》并属一类，颂诗《上帝》与颂诗《梅谢尔斯基之死》并属一类，致祖波夫的颂诗 ⑥ 不久前才被发现。克尼亚日宁 ⑦ 安然享用着

---

① 原文为英文。

② 我尊敬他是个伟大的人，但，当然，不是一个伟大的诗人。他了解俄语的真正源泉及其优美之处；这是他的主要功绩。——普希金原注

③ 赫拉斯科夫（1733—1807），仿古典主义长诗《罗斯颂》的作者。

④ А.Φ.梅尔兹里亚科夫（1778—1830），文学家，这里指他发表在杂志《安菲昂》（1815 年）上对《罗斯颂》的冗长刻板的评论文章。

⑤ 杰尔查文（1743—1876），俄国诗人。

⑥ 指《记祖波夫伯爵波斯归来》（首次刊登在《教育之友》杂志1804 年第 3 期上）。

⑦ Я.В.克尼亚日宁（1742—1791），俄国古典主义诗人，剧作家。

自己的荣誉，波格丹诺维奇[1]被归于伟大诗人之列，德米特里耶夫也是如此。我们既没有一致的注解，也没有一致的批评版本。我们不知道克雷洛夫是何许人，不知道克雷洛夫之高于拉封丹，就如杰尔查文之高于让·巴·卢梭[2]。你究竟把什么称作"批评"呢？《欧洲导报》和《良民》杂志？格列奇和布尔加林的书讯？你自己的文章？但你得承认，所有这些都不能在公众中建树起任何观念，不能看作是审美趣味的法典。卡切诺夫斯基愚钝而无聊，格列奇和你尖刻而多戏谑——关于你们，可谈的只有这些——那么批评到底在哪里呢？没有，我们所说的正好相反：某种文学我们是有的，而批评没有。其实，等一会儿你会同意这一点的。

只有德国人是批评走在文学之前的。

"为什么我们没有天才，而有才能的人又少？"首先，我们有杰尔查文和克雷洛夫，其次，哪里又有"许多"有才能的人呢？

"我们没有得到鼓励——幸而没有！"为什么没有？杰尔查文、德米特里耶夫做到内阁大臣就是"鼓励"。叶卡捷

---

① И.Ф.波格丹诺维奇（1743—1803），诗人，以罗马神话为题材写过长诗《宝贝儿》。

② 法国剧作家，讽刺诗人。

琳娜时代就是个鼓舞人心的时代，就因为如此，这个时代不比别的时代逊色。卡拉姆津，看来也是受鼓励的；茹科夫斯基无可抱怨，克雷洛夫也是如此。格涅季奇在书房中默默地克竟其功；让我们拭目以待，他的荷马何时出现[①]。没有得到鼓励的我看只有我自己和巴拉丁斯基——我不会说：幸而没有！"鼓励可以装饰的只有庸人"。奥古斯都时代我就不说了。但塔索和阿里奥斯托在他们的长诗中保留着王公庇护的痕迹。莎士比亚最优秀的喜剧是按照伊丽莎白的旨意写成的。莫里哀是路易王的近侍；不朽的《答尔丢夫》，一个喜剧天才在强大压力下结出的硕果，它的存活有赖于君主的袒护；伏尔泰最好的长诗[②]是在腓特烈的庇护下写成的……杰尔查文受到三个沙皇的庇护——你没有说出你想说的话，我来替你说出来。

你看吧！我们应该感到无愧而自豪：我们的文学，在天

[①] 这里所说的"鼓励"指来自官方各种形式的支持。卡拉姆津从1830年起领取年退休金两千卢布；茹科夫斯基从1816年起——四千；克雷洛夫自1812年起——一千五百；格涅季奇自1825年起——三千。普希金与别斯图舍夫的意见不同，他把官方对作家的奖掖视为安心创作的必要条件，这与他当时流放的处境有很大关系。

[②] 指《奥尔良女郎》。伏尔泰1750年曾应腓特烈二世之邀去柏林，并在那里写作此长诗。

才辈出方面逊色于他人；但与众不同的是，它没在自己身上打上被奴役受屈辱的烙印。我们的天才是高贵的，是独立的。谄媚的声音随着杰尔查文一起湮没无闻了——而他是如何谄媚的呢？

> 啊，试想，我曾把你赞颂，
>
> 并以感佩之情做出预言：
>
> 瞧吧，我说，胜利是暂时的，
>
> 而美德却将万古流芳。①

读一读《致亚历山大》②（茹科夫斯基，1815 年）吧。瞧瞧一个俄国诗人是如何对俄国沙皇讲话的。仔细看看我们的杂志和目前文学界的一切……对我们的诗歌可以借用米拉波谈西哀士的话说，他的沉默——是社会的灾难③。外国人对我们感到惊讶——他们以完全公正的目光看待我们——却

① 颂诗《记祖波夫伯爵波斯归来》中的诗句。

② 指《致亚历山大大帝》（1814 年，原文如此）。其中茹科夫斯基向专制政权吁求人道主义和对社会的服务意识。

③ 原文为法文。康·米拉波，法国大革命时期国民议会议长，演说家。西哀士（1784—1836），法国教士，宪法理论家，推崇第三等级，反对君主专制，1815 年被复辟的路易十八放逐。

不明白这是怎么一回事。原因很明显。我们的作家来自于社会的上层。贵族的骄傲与作者的自尊在他们身上融为一体。我们不想受到同阶层的庇护。这就是下流胚沃隆佐夫所不解之处。他想象的是，一个俄国诗人带着献词或颂诗出现在他的前厅中，而这个诗人却是带着要求尊重的愿望出现的，像一个世袭六百年的贵族，——真是天壤之别！

你所谈的关于我们的教养，关于外国的、内讧的（漂亮！）模仿者们的一切——很出色，表达有力，带有诚恳的雄辩色彩。总之，在你的身上思想在沸腾。关于《奥涅金》你没有畅所欲言；我明白个中原因并感谢你，但为什么不明确地披露自己的想法呢？——目前我们只能依循我们私人间的关系，我们还不会有批评——但你应该去创造它。

你的《骑士比武》[1]令人想起瓦·司各特[2]的《骑士比武》。抛开这些德国人来写写我们的东正教徒吧；但你不要再写那种浪漫曲折的"速成"故事——这些故事写成拜伦式的长诗还不错。长篇小说要求有闲言碎语，你要坦率地讲出一切。

---

① 指中篇小说《雷维尔骑士比武》。

② 原文为英文。

你的弗拉基米尔 ① 说的是德国戏剧的语言，他在午夜观察太阳 ② 等等。但是对立陶宛军营的描写、木匠与哨兵的谈话都很漂亮，结尾也是如此。其实，你的不同凡响的生动性比比皆是。

无疑，雷列耶夫将把我对他的《沃依纳罗夫斯基》的意见拿给你看，而你要把你的异议寄给我。先衷心地拥抱你。

另外：你在1822年能对我们的文学的混沌状态发出抱怨 ③ 而今年你多亏没对希什柯夫老头讲 ④。我们把我们的复苏不归功于他归功于谁呢？

---

① 中篇小说《哗变》的主人公。

② 330 页。——普希金原注（指所评述作品的页码）

③ 指文章《新旧文学之一瞥》。其中暗示了文学在审查之下的窘况。

④ 指希什柯夫被任命为国民教育大臣。

普希金

致 A.A.杰里维格

由米哈伊洛夫斯科耶寄圣彼得堡

1825 年 6 月初（不晚于 8 日）

等啊，等啊，等你的信——急不可耐——你又不要温顺的尼基塔做你的仆侍了——还是等托人捎来？——该死的托人！看在上帝分上给我写点什么吧：你知道，我不幸失去了契切林娜奶奶和彼得·里沃维奇伯父[①]，得到这消息时我毫无精神准备，正身陷惨境——给我以安慰吧，这是友谊（这种神圣的情感）的神圣义务。

我的《各体诗集》[②]怎么办？恐怖的比鲁科夫[③]看到它了没有？普列特尼奥夫那里我一行字也没收到；我的《奥涅

[①] 瓦尔瓦拉·瓦西里耶夫娜·契切林娜，普希金祖母的姐妹；彼得·里沃维奇·普希金，普希金父亲的同父异母兄弟。

[②] 准备付印的普希金诗集。

[③] 书刊审查官。

金》①怎么样了？售出了没有？顺便谈一下：你告诉普列特尼奥夫，叫他拿我的钱去给列夫②买核桃吃吧，而不要去为我办代售，因为这是徒劳的：这样没良心的代售商现在没有将来也不会有。你离开之后，我又把杰尔查文所有的作品重新读过，下面就是我得出的结论。这个怪人既不懂俄国文字，也不懂俄语的本性（这就是为什么他逊色于罗蒙诺索夫）。他既不明了文体，也不明了和谐——甚至不明了做诗的规则。这就是为什么他必然会激怒每一只精于品评的耳朵。他不仅不能胜任颂诗的写作，而且不能胜任普通诗歌的写作（除去你所知道的）。他的诗中是些什么呢：思想，画面和真正富有诗意的场景；读着它，就像读某个奇妙的原著的糟糕的、随心所欲的译本。凭着上帝说，他这位天才是用鞑靼语思维的——而不懂俄语是因为没有时间③。杰尔查文，将来被译过去，会令欧洲惊讶，而我们出于民族的骄傲不会讲出我们了解他的一切（也不谈他的内阁关系）。杰尔查文值得将来保存的有八九篇颂诗和几个片断，而其他的可以付之一炬。

———————

① 指《叶甫盖尼·奥涅金》的第一章（1825 年出版）。

② 普希金的弟弟。

③ 这是 И.И. 德米特里耶夫《墓志铭》中的话。

他的天才可以与苏沃洛夫的天才相比——可惜我们的诗人太多地像公鸡一样唱赞歌了——关于杰尔查文够了——茹科夫斯基在做什么？——把他关于《奥涅金》第二章和我在绣架上所做的工作[1]的意见转达给我。克雷洛夫的手术顺利吧？上帝保佑他益寿延年！——他的《磨坊主》不错，可以与《杰米扬和福卡》[2]媲美。你见过尼古拉·米哈伊洛维奇吗？《历史》有所进展吗[3]？他居住在哪里？没有被罗曼诺夫家族[4]选中？忘恩负义的家伙们！六个普希金家的人在选举证上签了名！还有两个不识字的也打了手印！而我，他们的识文断字的后裔，我又何如？我在哪儿呢……

---

① 指《鲍里斯·戈都诺夫》。

② 指克雷洛夫的寓言《杰米扬的鱼汤》。

③ 卡拉姆津正在从事《俄罗斯国家史》第十二卷的写作。

④ 即皇族。此处所谈不详。

19 世纪的俄罗斯

致 A.Π.凯恩 [①]

米哈伊洛夫斯科耶

1825 年 7 月 25 日

　　我没有勇气请求您允许我给您写信，可您的轻佻或者说卖俏却让我敢于这样做。通信不解决任何问题，这我知道；但我无法抵御一种希望的诱惑，即收到由您的漂亮的手写的东西，哪怕一个字也好。

　　您的三山村之行留给我的印象，比我们当年在奥列宁家的相会 [②] 带给我的印象更为深刻而令人痛苦。在我凄苦的乡野生活中我所能做到的，只是尽力不过多地去思念您。

　　如果您心中哪怕对我有一丁点抱怨的话，那么您也应该希望我这样，——但轻浮永远是残忍的，而无论何时您只要把头向左右转一转，您总会高兴地看到那一颗为了维护您的

———————————————

① 此信原文为法文。A. 凯恩（1800—1879），三山村女主人奥西波娃的侄女，普希金的女友，著名的《致凯恩》一诗即赠给她。

② 于 1819 年，圣彼得堡。

66

荣誉而饱受痛苦的心。

再见了，富有神性的人；我要发疯了，我拜倒在您的膝下。向叶尔莫莱·费多罗奇①致以千般柔情，并问候伍尔夫②。

7月25日

我再次拿起笔来，因为我苦恼得要死，脑子里想的只有您。我希望您悄悄地读这封信——您是否会把它藏在胸前？是否会复我一封长信？把您脑子里所想到的一切都写给我吧——恳求您了。如果您不放心我的冒失，如果您不想损害自己的名誉，就变一下笔迹，签一个假名，——我的心能够猜到是您。如果您的话语将像您的目光那样温柔，噢！——我会尽力相信它或欺骗自己，都一样。——读着这几行字，您是否知道，我为它们的感伤情调而感到羞愧——安娜·尼古拉耶夫娜③怎么说的？啊，您就是神女或者有灵者！……

知道怎么做吗？给我写信，无论用什么办法，——这很有意思。

---

① 凯恩的丈夫。

② H.A.伍尔夫（1805—1881），奥西波娃的儿子。

③ 奥西波娃的长女。参见1825年3月14日致列·普希金信及注。

安娜·凯恩

致 H.H.小拉耶夫斯基 ①

由米哈伊洛夫斯科耶寄别洛戈罗多克或白教堂城

1825 年 7 月下半月（19 日之后）

您在哪里？我从报纸上得知您换了一个团。我希望这能使您开心些。您的哥哥 ② 在做什么？关于他您在 5 月 13 日的信中一字未提；他是否在就医？

关于我自己我能谈的有如下这些：我的朋友们在竭力奔忙，以使我能得到去就医的允准；妈妈给陛下写了信，此后我被允许前往普斯科夫，甚至可以在那里定居，但我不会这么做，只不过去那里待几天。眼下我是完全的离群索居：与我有交往的唯一的一个女邻居 ③ 也去了里加。简直可以说，

---

① 此信原文为法文。H.H.拉耶夫斯基（1801—1843），拉耶夫斯基将军的小儿子，普希金的朋友，在高加索服役。

② 亚历山大·拉耶夫斯基，军官。

③ 即三山村女主人奥西波娃。

我这里别无天地，除了老奶娘 ① 和我的悲剧 ②：后者正顺利进展，我对此很满意。写作它的过程中，我开始思索一般的悲剧问题。这也许是一种最不易正确理解的诗体。无论古典主义者还是浪漫主义者都把自己的规则建立在逼真上面，其实这一点正是被戏剧作品的本质所排斥的。且不谈时间等问题，活见鬼的是，在一个分成两半的剧场里，其中的一半坐了两千人，而他们仿佛并不为处在舞台上的人所见似的，这有何逼真可言。其次，语言。例如，拉阿尔普的菲罗克忒忒斯 ③ 听了皮洛士的一番长篇大论之后，用最纯正的法语说道："啊！我听到希腊人交谈的美妙声音。"云云。试想一下古代的情形：他们的悲剧面具，他们的双重角色——这一切不都是程式化的不逼真吗？第三，时间，地点等等，等等。真正的悲剧天才从来不关心逼真的问题。请看高乃依驾驭熙德是何等灵活。"啊，您愿意遵守二十四小时规则？请便"——于是把四个月的事件堆到一起。在我看来，没有比对已确定

---

① 即阿琳娜·罗吉昂诺夫娜。

② 指《鲍里斯·戈都诺夫》。

③ 法国评论家、剧作家拉阿尔普（1739—1803）的悲剧《菲罗克忒忒斯》中的人物，下面的皮洛士亦然。

的规则进行零星的修改更为无益的事了：阿尔菲耶里^①极为惊异于"旁白"的荒谬，他把它废除了，但是却把独白拉长了，并认为这是对悲剧体系进行了全面改革；何等的幼稚！

场景的逼真和对话的真实——这才是悲剧的真正原则。（我既没读过卡尔德隆，也没读过维加^②）但莎士比亚是何等令人惊叹！我不能不神魂颠倒。与他相比，悲剧作家拜伦是何等渺小！拜伦，总共才创造过一个性格（女人没有性格，她们有的是青春的情欲；这就是为什么描写她们是那么容易），这就是拜伦本人，他把自身性格的某些特点分配到他的主人公身上：他给这一个赋予自己的高傲，给另一个赋予自己的憎恨，给第三个赋予自己的忧郁，等等，就这样他用同一个不加掺杂的、阴沉而刚毅的性格创造了几个渺小的人物——这根本不是悲剧。

还存在着这么一种风气：作家无论构思哪一个人物的性格，他无论让他说什么话，尽管是最不相干的东西，也总要打上这种性格的烙印（菲尔丁的旧式小说中的学究和水手们就是如此）。一个阴谋家说："让我来吃点苦头吧。"作为

---

① 阿尔菲耶里（1749—1803），意大利剧作家。

② 卡尔德隆（1600—1681），维加（1562—1635），均为西班牙剧作家。

阴谋家，这简直可笑。请回想一下拜伦笔下的恨世者[1]（他已付了钱！[2]）——这种千篇一律，这种过分追求的精练，这种连续不断的狂怒，难道这一切是自然的吗？由此而造成了对白的生硬和拘谨。请回想一下莎士比亚。请读一读莎士比亚，他从不害怕损害自己的主人公的名誉，他使他像在生活中一样完全无拘无束地讲话，因为他确信，在适当的时刻和适当的场合之中，他能为他找到符合其性格的语言。

您问我："那您的悲剧——是性格悲剧还是风俗悲剧？"我选择了最容易的一种，但曾试图把二者结合起来。我一边在写，一边在思索。大部分场次需要的只是推论，但当我进行到需要灵感的场次时，我便等待它，或者放过这个场次——这样的工作方法对我是全新的。我感到我的精神力量得到了充分的发挥，我能够创造。

---

[1] 指乔·罗莱丹诺，剧本《福斯卡里父子》中的主人公。

[2] 原文为意大利文，罗莱丹诺的口头禅。

米哈伊洛夫斯科耶故居外景

致 A.Π.凯恩 [1]

由米哈伊洛夫斯科耶寄里加

1825 年 8 月 21 日 (?)

您总是善于令我陷于绝望的境地：我刚打算给您写几句让您笑破肚皮的蠢话，您的信突然到来，使我在正当灵感如潮的时候转入忧伤之中。请您费心放弃这种抽筋式的做法，它使您变得十分撩惹人心，但凭良心说，却一点也不得体。为什么您要强迫我骂您呢？如果您的一只手还用挎带吊着，就不必给我写信了。真是个任性胡来的女人啊！

不过，告诉我，他怎么样对待您，那个可怜的丈夫？他是否会吃醋？好吧，我对您起誓，如果这样，他是不无道理的：您不善于或者（更糟的是）不想宽恕别人。当然，漂亮女人可以任意而为……您本来就是任意而为的人 [2]。我

---

① 此信原文为法文。

② 法文原文中这是个双关语：maîtresse，意思是女主人、当家夫人、情妇。

的天，我不打算对您加以训诫，但不管怎样还是要尊敬丈夫，——否则谁也不愿当丈夫了。不要过于贬低这个行当，它是世上所必需的。真的，我跟您谈的完全是心里话。相距四百俄里您居然能激起我的醋意；如果我们相距咫尺又将如何呢？（注意：我很想知道，为什么您的表兄弟[①]本月15号才离开里加，为什么他的名字在您给我的信中三次脱笔而出？可以打听这些吗，如果不过于冒昧的话？）请原谅，有神性的人啊，我坦率地对您讲了我所想的一切：这些——是我对您的真诚同情的证明；我爱您之深，是您的想象所不及的。尽力去多多少少地处理好与这个该死的凯恩先生的关系吧。我非常清楚，他不是什么天才，但也不是个彻头彻尾的傻瓜。再温和些，卖弄点风情（而主要的，看在上帝分上，是拒绝，拒绝，再拒绝）——他就会拜倒在您脚下，——这个位子是我全身心所艳羡的，但有什么办法呢？安涅塔[②]的离去使我陷于绝望；无论如何，您秋天一定要到这儿来，就是到普斯科夫也好。找个借口，可以说安涅塔有病。对此您怎么想？答复我，求您了，关于这些对阿列克赛·伍尔夫一

① 指 H.A. 伍尔夫，三山村女主人奥西波娃的儿子。

② 指 A. 伍尔夫，奥西波娃的长女。

个字也不要提起。您会来的？——不是吗？——而在那之前在有关您丈夫的事上不要做任何决定。您还年轻，全部生活都在您面前，可他……总之，请相信，我不是那种绝不主张采用果断方式的人——有时这是必要的，但首先必须细加考虑，不要闹出不必要的丑闻来。

再见！现在是深夜，您的神态浮现在我的眼前，那么忧伤而令人心荡神驰；我觉得好像看到了您的目光，您的微微开启的嘴唇。

再见——我觉得好像我拜倒在您的脚下，紧抱着您的腿，抚摸着您的膝盖，——我会为了这样真实的一瞬而献出自己全部的生命。再见，请相信我的呓语：它可笑，但是真诚。

安娜·凯恩

致 K.Φ.雷列耶夫

由米哈伊洛夫斯科耶寄圣彼得堡

1825 年 6 月下半月至 8 月

我感到沮丧，雷列耶夫没有明白我所说的问题在哪里 [1]。为什么我们的文学得不到庇护而又值得庆幸呢？为什么要谈这个问题呢？为唤醒那只酣睡的猫吗 [2] ？不对。我们应把我们当今文学的精神归功于政府的冷漠和审查机关的压制。你还指望些什么呢？瞧瞧那些杂志，回顾一下这六年的时间，有几次提到过我，有几次恰当抑或不恰当地赞扬过我——而关于我们的朋友 [3] 也一字不提，好像他不曾在世似的。这是为什么？显然不是由于这类编辑家的高傲和激进，不——但每个人都知道，尽管他喜欢多以卑贱自居，也没有

---

① 见 1825 年 5 月末至 6 月初致别斯图舍夫信。

② 原文为法文。

③ 指沙皇亚历山大一世。

谁对他说声谢谢，哪怕五个卢布也不会拿出来——这样不掏腰包地做一个高尚的人倒也不错。你生气我自诩为六百年的世袭贵族（注意：我的贵族身份还要古老）。你难道看不见，我们的文学精神部分地依赖于作家的身份地位吗？我们不能把我们的著作呈献给权贵，因为就出身来说，我们认为我们与他们是平等的。我们的骄傲即由此而来，等等。不应像对待异邦作家那样评判俄国作家。在外国写作是为了钱，而在我们这里（除了我之外）都是出于虚荣心。在外国是靠着诗歌而生活，而我们这里赫沃斯托夫伯爵是为了诗而挥霍钱财[1]。在外国，当你一无所有时，那就去写书吧，而在我们这里，当你一无所有时，那就得去供职，而不能靠写作。我亲爱的，你是诗人，我也是诗人，而我更多地是以散文去评论，这大概是对的。再见，我亲爱的，你现在在写什么？

---

[1] Д.И. 赫沃斯托夫（1757—1835），参议员，平庸诗人，自己出钱收购自己的滞销作品。

致 П.А.维亚泽姆斯基

由米哈伊洛夫斯科耶寄莫斯科

1825 年 11 月下半月

　　我曾想，你早就从列夫·谢尔盖依奇[①]那里收到萨维洛夫[②]偷走的六百卢布了，我才听说，列夫已把这些钱挥霍掉了；原谅他，等着我前几天从圣彼得堡我的小村中募集来的租钱吧。

　　亲爱的，我厌烦给你写信，我不能穿着长衫、开着扣子、拖着袖子出现在你面前[③]。我们的谈话犹如莱蒙特先生的序言[④]一般。我和你来讨论一下——仅仅是关于波列沃依和布

---

① 普希金的弟弟。

② 普希金的债户，诗人曾托他转交欠维亚泽姆斯基夫人的钱，但他将钱拐走了。

③ 暗指警察当局对普希金书信的检查。

④ 指法国历史学家莱蒙特为克雷洛夫寓言的法译本所做的序言。普希金在论这篇序言的文章中称誉克雷洛夫是俄罗斯人的精神的代表，维亚泽姆斯基对此没有苟同，二人曾进行过争论。

尔加林——他们即使是在硬皮封面之中也令人生厌。你很聪明，什么都不要谈，——而我在你面前活像个傻瓜似的。我们约好吧，你给我写信，但不要等着回复。

你谈拜伦《修道院》①的文章呢？《唐璜》何等奇妙啊！我只读过前五章；读了前两章后，我立即对拉耶夫斯基说，这是拜伦的代表作②，后来发现了与我趣味相投的瓦尔特·司各特③，感到欣喜异常。我需要学习英文——不懂英文是我流放中的缺憾之一：我有时间的时候却没有条件学。罪过在于压迫我的人！我就像安·谢尼耶一样，敲着自己的头说：这里面有点玩意儿④……原谅这种诗意的自夸和毫无诗意的忧郁吧。无法不叫人怒不可遏：没有睡足也没有……⑤。

你何必为失去了拜伦的笔记而惋惜呢？让它们见鬼去吧！谢天谢地，总算丢掉了。在他的诗歌中，沉迷于诗意的

---

① 指《纽斯第德修道院》。维亚泽姆斯基在它的序言中谈到拜伦的《笔记》被托·穆尔所销毁（原文载《莫斯科电讯》1825 年第 20 期，署名 "B"）。

② 原文为法文。

③ 原文为英文。

④ 原文为法文，

⑤ 原文缺损或删节。

狂喜，他会不由自主地痛加忏悔。在冷静的散文中他会撒谎，会耍滑头，时而极力地炫耀真诚，时而糟蹋自己的敌手。人们会看透他的，像看透卢梭一样[1]——其中仇恨与诽谤正弹冠相庆。丢开对芸芸众生的好奇心，集中着眼于天才吧。穆尔的这个举动胜于去写他的《拉拉—卢克》[2]（就其诗意的一面说）。我们对拜伦知道得够多了。看到了他登上荣誉的宝座，看到了他伟大心灵的磨难，看到了他的灵柩置于复活的希腊国土上。——你还很想看到他在海船上的样子吧。人们贪婪地读着《忏悔录》《笔记》等等，因为出于自己的卑鄙他们很高兴看到高尚者的屈辱和强大者的衰微。任何一件见不得人的事披露出来他们都会惊叹不已。"他渺小，像我们一样，他粗鄙，像我们一样！"胡说，下流胚们：他渺小且粗鄙——但不像你们——这毫不相干。——私人笔记[3]要写得有诱惑性，让人心旷神怡。无论对谁你也不会如此去爱他，无论对谁你也不会如此了解，就像对待你自己一样。素材是取之不尽的。但做起来很难。不撒谎——可以；保持真

---

① 指他的《忏悔录》。

② 英国诗人托·穆尔（1779—1852）的长诗。

③ 原文为法文。

诚——从生理上不可能做到。笔有时会停下来，犹如在奔跑中突临深渊——停在那些可能令局外人索然无味的地方。蔑视——即 braver[1]——众人的审判并不难；蔑视自我的审判却不可能。

秋天的米哈伊洛夫斯科耶故居

---

[1] 法文：挑衅，蔑视。

致 A.Π.凯恩 [1]

由三山村寄里加

1825 年 12 月 8 日

我怎么也没有料到，女魔法师，您会想起我，为此我衷心地感激您。在我的心目中拜伦又呈现出新的美质——他的所有女主人公都将在我的想象中留下难以忘怀的特征 [2]。我将在古尔娜拉和莱拉 [3] 的形象中看到您的影子——而拜伦本人的理想中的人物都未能带有更多的神性。命运每次都把您，正是您，派到我的身边，给我的幽居生活带来快慰！您——是慰人的天使，而我——是忘恩负义之徒，因为我还是不顾一切地发牢骚……您去往圣彼得堡，我的流放生活将比任何时候都更令我难以忍受。也许，刚刚发生的事变 [4] 会使我

---

① 此信原文为法文。

② 凯恩应普希金之请把拜伦的作品寄给了他。

③ 二者分别为拜伦的叙事诗《海盗》和《异教徒》中的女主人公。

④ 指沙皇亚历山大一世之死。

84

得以接近您，但对此不敢抱有希望。所谓希望不值得相信，它——不过是个脸蛋漂亮的女人，她对待我们就像对待一个老丈夫一样。您的丈夫，我的温柔的天才在做些什么？您知道么，我总是把拜伦的敌人们——其中也包括他的妻子——想象成他的样子。

我又拿起笔来，为的是向您表明：我倾倒在您的膝前，我像以前那样爱您，有时我恨您，前天还说您的脏话，我怀着美好的期望吻您美丽的手，并再一次地遍吻它们，我再没有力气了，您是那么富有神性，等等。

致 B.Π.祖勃科夫 ^①

由普斯科夫寄莫斯科

1826 年 12 月 1 日

亲爱的祖勃科夫，你没收到过我的信，——我来对此加以解释：我本想 12 月 1 日，即今天，亲自去，像炸弹一样突然出现在你们面前，考虑到糟糕透顶的路面，因此五六天前就乘驿车从我那该死的小村子出发了。普斯科夫的马车夫们除了把我掀翻在地，找不到更好的办法；我的肋骨受了伤，胸部疼痛，呼吸也困难；我简直发狂了，便去赌钱，不断地输。不谈这些了，我期待着，哪怕稍好些，便继续搭驿车赶路。

你的两封信写得很漂亮，我的到达本应是对你的思考、异议等的最好答复。但既然我已陷在普斯科夫的小酒馆里，

---

① 此信原文为法文。B.Π.祖勃科夫（1799—1862），普希金的朋友，曾与一些秘密社团有关系。普希金曾向其妻妹（即信中提到的索菲）求婚，遭拒。

而未能达于索菲膝前，——那我们就来谈谈吧，或者说来好好地思索一番。

　　我已经二十七岁了，亲爱的朋友。该是生活的时候了，或者说该体会一下幸福的滋味了。你对我说，幸福不可能是永恒的：好一个新奇的见解！但我个人的幸福并不令我操心，在她身边我能不是世上最幸福的人吗——但一想起那种也许正在等待着她的命运我就发抖——想起我不能如我所愿而使她成为一个幸福的人我就发抖。我的生活至今仍这样漂泊不定，这样风狂雨暴，我的性格——也是波动无常，好吃醋，疑心重，同时还很软弱——这使我有时简直一筹莫展。——难道我应该让一个那么温柔、那么美丽的人的命运与这种可悲的命运、与这种不幸的性格结缘吗？……我的天哪，她有多好啊！我在她面前的举动又是多么可笑！亲爱的朋友，努力消除我的举动可能在她身上产生的不良印象吧，——告诉她，我比看上去要理智些，而对此的证明就是——你脑子里所想到的。这个卑鄙的潘宁①，他已经爱了两年了，却打算到复活节后那个星期再求婚——我第一次见到他是在剧院包厢里，第二次是在舞会上，而第三次就是我

────────────

① 索菲·普希金娜的另一个求婚者，她后来嫁给了他。

求婚的时候^①！如果她认为潘宁是对的，那她一定认为我是个疯子，对不对？——你要对她说明，我是对的，见到她哪怕只有一次，就令人无法犹豫，我不会奢望能迷住她，因此，我做得非常利索，直截了当，既然爱上了她，那就无所谓"更多地"爱她，正如随着时间的推移也无所谓发现她更美丽一样，因为所谓更美丽是不可能的……

亚·普

有些话到莫斯科再跟你谈。我很珍重我的绿松石^②，不管它多难看。祝贺萨莫依洛夫伯爵^③。

---

① 原文为俄文。
② 普希金的一枚宝石戒指。这里表示诗人对婚姻的严肃态度。
③ 可能指萨莫依洛夫与他所不爱而又对他变心的妻子离婚的事。

索菲·普希金娜

致 Н.И. 冈察罗娃①

莫斯科

1829 年 5 月 1 日

在托尔斯泰伯爵②转达了您的答复之后，我应该做的便是即刻以俯首屈膝、感激涕零之情给您写信：您的答复不是拒绝，而是让我抱有希望。请不要怪罪我不知感恩，如果我一味地抱怨，如果我在幸福的情感之中总是掺进哀伤和苦涩的话；我理解一位母亲处事的谨慎和温柔的关切之情！但也请原谅一个未曾体尝过幸福的病人心中的急切之情。我就要离开此地③，我将把那个其生命归功于您的、超凡脱尘的女子的形象深藏在心底而带走。——如果您对我有什么吩咐，

① 此信原文为法文。Н.И. 冈察罗娃（？—1848），普希金未来的妻子娜塔丽娅·尼古拉耶夫娜·普希金娜（娘家姓冈察罗娃）的母亲。此信是普希金求婚得到一个不确定的答复之后当即写的。

② 即所谓美洲人托尔斯泰，见 1821 年 9 月 21 日致格列奇信及注。曾因诋毁普希金而造成二人的不睦，但后来和解，成为普希金的媒人。

③ 普希金写完此信后去往高加索地区旅行。

就请费心知会托尔斯泰伯爵，他会把话转告我的。

仁慈的夫人，请接受我深深的敬意。

普希金

致 K.A.索班斯卡娅 [①]

圣彼得堡

1830 年 2 月 2 日

今天是我第一次与您相见的九周年纪念日。这一天在我的一生中具有决定性的意义。

对此我越想越坚信,我的存在与您有着不可分割的联系;我是为了爱您、为了追随您而生——任何其他的考虑对我来说都是迷误和愚狂;在远离您的地方,咬啮着我的只有对幸福的思念,而我却无法得到幸福的满足。早晚我都要抛开一切而投身到您的膝下。在我的痛苦的遗憾之中令我痴迷和希冀的只有一个念头,即总有一天我将在克里米亚拥有一块立

---

① 此信原文为法文。索班斯卡娅·卡罗琳娜－罗萨里亚－捷克拉·阿达莫夫娜(1794—1885),普希金 1821 至 1823 年在奥德萨时结识的社交界美人,出身波兰贵族,以和巴尔扎克结婚而著名的所谓韩斯卡夫人即是她的妹妹。据信,这个女人曾参与她的情夫、当时新俄罗斯地区军屯长官维塔出卖十二月党人的活动,但普希金一度对她十分倾心。此信及下一封同时给索班斯卡娅所写的信正是在普希金向冈察罗娃求婚遭拒的时期,其复杂的心情由此可见。

足之地（？）在那里我将能够完成我的朝圣，徘徊在您的房舍之侧，与您相逢，间或能瞥见您的身影……

K.A.索班斯卡娅

致 K.A.索班斯卡娅 [①]

圣彼得堡

1830 年 2 月 2 日

您会嘲笑我的急不可耐，就仿佛您在欺骗了我的期待之后而获得了满足，因为我只有明天才能见到您——只好如此了。不过我脑子里能想到的只有您。

尽管与您相见、聆听您的声音能给我带来幸福，但我宁可给您写信，而不是交谈。在您身上有一种嘲讽、狡黠的神态，它们能给人以刺激，令人陷于绝望。人的感觉会变得痛苦不安，而真诚的话语在您的面前也变成空洞的笑谈。您——就是魔鬼，正如《圣经》里所说的，"那种总是怀疑和否定的人"。

最近一次您残酷地谈到了过去。您对我所谈的，是我在这七年期间所极力不去相信的东西。为什么？

---

① 此信原文为法文。

幸福为我而设的是那么少，以至于当它在我面前出现的时候我也不敢承认。再不要对我谈它了，看在上帝的分上。——处在良心的责备之中——如果我还能够感受到它的话；——处在良心的责备之中我还能感受到某种欢乐——而像这种遗憾在心底唤起的只有狂怒和渎神的念头。

亲爱的埃列瑙拉，请允许我用这个名字来称呼您，它可以令我想起年轻时代撩人心绪的阅读，令我想起那时曾诱惑着我的温柔的幻影，令我想起您的存在，这残酷的、暴烈的、这有别于它本来应有的样子的存在。——亲爱的埃列瑙拉，您知道，我在内心深处体验过您全部的强大。我品尝了在爱的迷醉中那最为令人心悸和痛楚的一切和其中最为令人惊愕的一切。经历了这些感觉之后，我身上留下的只有一个久病初愈者的虚弱，只有一种依恋，那么温柔，那么真诚，——还有几许我无法克制的怯懦。

我很清楚地知道，如果您一旦读到这些，您会想——他有多笨哪——他还为过去的事感到害羞呢——他就会这样。这是他应得的，让我重新有机会嘲笑他。他还满心的自负呢，就好像他就是撒旦的属下似的。不是这样吗？

然而，当我拿起笔来之后，我曾想求您点什么——可记不得是什么——噢，对了——想求得友谊。这个请求真是十分庸俗，十分……这就好像一个乞丐讨要面包一样——而问题就在于，我需要您的亲近。

我要说的还有，您仍像从前一样美，仍像在渡河日或在洗礼仪式上当您的手指触摸我的额头时一样。这种触摸至今我仍能感觉得到——清凉，湿润。它使我转变成了一个天主教徒。——但您会枯萎的；这种美总有一天会像雪崩一般一泻而下。您的心在这种衰微的美艳中会保持一段时间——然后就将消失，而它的畏怯的奴隶——我的心，在无际的永恒之中将永远无法与她相逢。

但心是什么？它既无形，亦无声——声或许是有的……

致 Н.И. 冈察罗娃 [1]

莫斯科

1830 年 4 月 5 日

尊敬的夫人，在您的信中我得到了肯定的答复之后，当我拿起笔来，心中是如此忐忑不安，如果您在我的面前就好了。有那么多的话我要一吐为快，我越是思前想后，越是有更多的忧虑和无望的念头涌上心来。我要把这些坦诚而详尽地讲给您听，恳求您拿出耐心和十分的宽容来听我说。

当我第一次见到她时，那是她的美貌刚刚在社交界显露出来的时候。我爱上了她，她令我头晕目眩，我提出求婚，而您的充满了含蓄的答复在一瞬间让我失去了理智；当天夜里我便出发去了军营 [2]。您问我——为什么？我向您发誓，

---

① 此信原文为法文。这是普希金求婚得到肯定答复后写给未婚妻的母亲的信，信中更多地表露了他对未来婚姻的忧虑，其中也暗示了他的政治处境可能带来的影响。

② 去往高加索，见 1829 年 5 月 1 日信及注。

不知道，但是某种难以自禁的忧伤把我逐出了莫斯科，我是无力在那里经受与您或她见面的打击的。我给您写了信，我还期望着，等待着回答——但没有等来。我早年误入迷途的经历又浮上了我的脑海：它们本来就已令我不堪重负，而谤毁之辞却日甚一日；不幸的是，有关这些事的流言蜚语却广为传布。您可以相信它们，我不敢对此有任何怨言，但这却让我感到绝望。

在我返回之后等待着我的是多少痛苦啊[1]！您的沉默，您的冷淡，还有娜塔丽娅小姐对待我的那种心不在焉的样子，那种无所谓的态度……我没有足够的勇气加以解释，——我绝望地去了圣彼得堡。我曾感到，我扮演了一个多么滑稽可笑的角色呀，我平生第一次变得胆小如鼠，而在我这样的年龄，胆怯是无论如何也不能讨得像您女儿那样年龄的少女的欢心的。我的一个朋友到莫斯科，从那儿给我带回了一句关照的话，而那句话让我死而复生——而此刻，承蒙您赐予我这些充满厚爱的言语，它们本该会让我兴高采烈的，但我却感到自己比任何时候都更加不幸。我尽力来加以解释吧。

只有习惯和长期的接近才可能有助于使我博得您女儿的

---

① 普希金于 1826 年底才被允许从米哈伊洛夫斯科耶返回莫斯科。

98

好感。我可以期望，随着时间的推移我会唤起她对我的依恋，但无论如何我却无法让她喜欢我。假如她同意把手伸给我，那我由此看到的也仅是她的心中平静而淡漠的证明。但倘使她始终被惊羡、崇拜和引诱所包围，那她这种平静还能长久保持吗？人们会对她说，妨碍她与另一个更般配、更具风采、更适合她的人结合的只是她不幸的命运。——或许，这些想法将来才会显得是出自真诚，但她现在心目中已认为这是确信无疑的。她能不心生遗憾吗？那时她不会把我视为绊脚石，不会把我视为笑里藏刀的窃贼吗？她不会感到我令人生厌吗？上帝为我作证，我准备着为她而死；然而，为了使她成为一个风光无限的寡妇、使她在某一天可以随意地为自己选择一个新的丈夫而死——这种念头对我来说，却是毒药一般。

让我们来谈谈钱财的问题吧；我认为这不是什么大不了的事。至今我的经济状况还能应付。而我结婚之后还能应付吗？在上流社会中，我无论如何不能容忍我的妻子遭受贫困，或者她不能前往可以抛头露面、消遣娱乐的场所。她有权要求这些。为了让她满意，我宁愿牺牲自己的爱好，牺牲我生活中热衷的一切和我的无拘无束的、充满了偶然性的生活方式。她能够做到自始至终不怨天尤人吗，如果她在上流社会的境况不那么优越，像她所应得的和我所向往的那样的话？

我的忧虑多少就在于此。一想到您可能认为这些忧虑十分合情合理，我便不寒而栗。我还有一种担忧，那是在信中我不敢讲出来的……

尊敬的夫人，请相信我全副的忠诚和崇高的敬意。

亚·普希金

冈察罗娃年轻时

致 H.O. 普希金娜及 C.Л. 普希金 ①

由莫斯科寄圣彼得堡

1830 年 4 月 6—11 日

我最亲爱的父母,在这即将决定我的余生的命运的时刻,我写信给你们。

我已打算和一位姑娘结婚,我爱她已有一年的时间——这就是娜塔丽娅·冈察罗娃小姐。我已得到了她的同意,同样还有她母亲的同意。请你们为我祝福吧,这不是虚与委蛇的官样文章,而是怀着深挚的信念来请求,这种祝福对我的平安生活来说是必不可少的——我的后半生的生活方式比起我令人伤心的年轻时代来,将会让你们感到安慰。

冈察罗娃夫人 ② 的经济状况已经败落了,现在部分地依赖于她的公公的家产。这是我的幸福的唯一障碍。我无力——

---

① 此信原文为法文。H.O. 普希金娜(1775—1836),娘家姓汉尼拔,普希金的母亲;C.Л. 普希金(1770—1848),普希金的父亲。

② 普希金未婚妻的母亲。

哪怕去想一想会拒绝这种幸福。令我大为舒心的是我还可以寄希望于你们给我的帮助。我恳求你们，告诉我说你们会做的，为了……

《秋天的雨》

洛夫·维塔利·谢拉菲莫维奇绘

致 A．X．宾肯道尔夫 [①]

由莫斯科寄圣彼得堡

1830 年 4 月 16 日

将军：

我十分难为情地诉诸当局，完全是为了私人的事，但我的处境和您对我始终如一的关照，使我有责任这样做。

我将要和冈察罗娃小姐结婚，大概您在莫斯科是见过她的。我得到了她的同意和她母亲的同意，但我被告知在这件事上有两个不利的因素：我的财产的状况和我的与政府相关的处境。关于财产，我可以回答说，它是富足的，有赖于陛下的恩典，他给了我足以自食其力的可能。至于我的处境，我无法隐瞒，它是虚假的和令人捉摸不定的。我于 1824 年被免除公职，这在我身上打下了一个烙印。1817 年我以十等文官的身份毕业于皇村学校，此后再没有得到过我理应得

---

① 此信原文为法文。宾肯道尔夫，伯爵，警察总监。

到的第二个职衔，因为我的上司们是凭着某种概念而忽视我的，而我不认为去提醒他人注意我的存在是必要的。而现在，尽管我一直持有善意的愿望，但是让我复职还是会让我十分难堪。我不适合于听命于人的职位，我可以去做的只有与我的职衔相称的工作。这个职位会使我脱离文学事务，它们赋予我谋生的手段，也带给我徒劳无益的不快。因此，关于这些没什么值得多虑的。冈察罗娃夫人担心把女儿交给一个不幸在皇上那儿有过不良记录的人……现在我的幸福就有赖于一个我对其抱有真挚而无限的忠诚和感激之情的人了。只要他讲一句多加关照的话①。

还有一件事请求您宽大为怀：1826 年我把在流放时写的一部关于戈都诺夫的悲剧带到了莫斯科。我把它原样寄给阁下审查，只是要证明它是正确无误的。承蒙皇上读了剧本，并对几处过于随意的地方提出了若干意见，我必须承认，陛下，是再正确不过的了。其中还有两三处地方引起了他的注意，因为这些地方看起来是在暗示当时刚发生不久的那个事

① 宾肯道尔夫在1830年4月28日的复信中谈到，普希金的处境"没有任何虚假和捉摸不定之处"，并说沙皇以对普希金"真挚的父亲般的仁爱"吩咐宾肯道尔夫"不要以宪兵队头头的身份，而要作为一个人……去照看"诗人，并"以建议的方式去领导他"。宾肯道尔夫的信终于使冈察罗娃夫人感到满意。

件①；现在重新读了这些地方，我已拿不准，它们就上述问题来讲还是可以商榷的。所有的叛乱都彼此相似。剧作家不可能对他借历史人物之口说的话负责。他应该使人物的讲话与设定的性格相符合。因此需要关注的应是全部作品所要表达的精神实质和它必然要产生的印象。我的悲剧——是一部十分真诚的作品，凭良心说我无法删除那些我认为极为重要的东西。我恳请陛下原谅我冒昧地提出反驳意见。我明白，这种诗人的执拗可能看起来非常可笑，但直到今天我还是坚决地拒绝了所有出版商的意图，我把为皇上的旨意而尽我最大的努力视为荣幸。但眼下的情势迫使我恳求陛下放开我的手脚，允许我以我认为应有的形式出版这部悲剧②。

我再一次为我占用您这么长时间而表示不安。但您的仁恕之心纵容了我，尽管无论凭什么我也不该得到皇上的厚爱，我还是希望得到它，并不会失去我的信心。

保持崇高敬意的，阁下最谦卑和最忠实的仆人

---

① 指十二月党人起义事件。

② 沙皇尼古拉一世事后终于允许《鲍里斯·戈都诺夫》在普希金"自负其责"的情况下于 1830 年 12 月出版（上署出版日期为 1831 年）。

恳请阁下为我对您的请求保守秘密。

沙皇尼古拉一世

致 H.H.冈察罗娃 [1]

由莫斯科寄麻布厂 [2]

1830 年 6 月初

　　总之，我在莫斯科，——在没有您的时候，这是个何等令人忧伤和寂寞的城市，我甚至鼓不起勇气走过尼基塔大街 [3]，无奈只好去找阿格拉芬娜 [4]（？）打听消息。您无法想象，没有您在身边我心中会涌起多少的哀愁。我很后悔离开麻布厂——种种的忧虑油然而生，甚至更为强烈，更为痛苦。我宁可盼着这封信到麻布厂时您已离开。——我在一分钟一分钟地数着你我分开的时间。

---

① 此信原文为法文。这是迄今所见普希金给其妻的第一封信，冈察罗娃 1831 年婚后随夫姓普希金娜。

② 冈察罗娃祖父的庄园。

③ 冈察罗娃家所在地。即今赫尔岑街（50 号）。

④ 阿格拉芬娜，冈察罗夫家在莫斯科的仆人。

致 H.H. 冈察罗娃 [1]

由圣彼得堡寄莫斯科

1830 年 7 月 20 日

我很荣幸地把我的弟弟介绍给您（他认为您长得如此漂亮是出于自己的目的，尽管如此，我还是恳求您对他多加关照）。我的行程 [2] 枯燥得要死。尼基塔·安德烈耶维奇 [3] 给我买了一辆轻便马车，到第一个驿站的时候就坏了，——我用一个槌矛好歹把它修理好了，——第二站无奈还是如此——余此类推。最终，在距诺夫戈洛德还有几俄里的地方我赶上了您的弗谢沃洛日斯基 [4]，他的车轮断了。我们一起走完了余下的路，一边还详详细细地数落了在戈利岑公爵家

---

① 此信原文为法文。

② 由莫斯科到圣彼得堡。

③ 姓科兹洛夫，普希金家的家奴。

④ 普希金未婚妻娜塔丽娅的一个崇拜者。

的情景①。圣彼得堡已让我感到无聊至极，我想尽可能地缩短我在这儿逗留的时间。——明天开始去拜访您的亲戚们。娜塔丽娅·吉里洛夫娜②在别墅，卡捷琳娜·伊万诺夫娜③在帕尔果洛沃（一个芬兰佬的小村子，波尔耶公爵夫人④就住在那儿）。——在那些漂亮女人中我所见到的只有马林诺夫斯卡雅夫人和小姐⑤，让人惊讶的是，跟她们是昨天在一次宴席上不期而遇的。

我的时间很紧迫——吻娜塔丽娅·伊万诺夫娜的手，我还不敢冒昧地称她为妈妈，对您也是一样，我的天使，既然您还不允许我拥抱您。问候您的姐姐们。

---

① Д.В.戈利岑，莫斯科军事总督。这里指他们参加戈利岑家的晚会的情景。

② Н.г.扎格科亚日茨卡雅（1747—1837），普希金未婚妻的姨婆。

③ 普希金未婚妻的姨妈。曾为伊丽莎白女皇和叶卡捷琳娜二世的宫中女官。

④ 寡居的、帕尔果洛沃一处大房产的主人。

⑤ 外交部档案局局长马林诺夫斯基的夫人和女儿。

普希金的妻子

致 Π.A.普列特尼奥夫 ①

由波尔金诺寄圣彼得堡

1830 年 9 月 9 日

我给你写了一封充满忧郁的信 ②，我的亲爱的彼得·亚历山大罗维奇，其实忧郁对你来说是见惯不奇了，在这方面你曾经沧海。现在我那些沮丧的念头都烟消云散了。我来到乡下，得以休息。附近就是霍乱横行。你知道这是一种什么样的洪水猛兽吗？说不定什么时候它就会跑到波尔金诺来，把我们所有的人都咬上一口——也说不定，我就会去找瓦西里伯父 ③，而你就来为我写传记了。可怜的瓦西里伯父！你知道他临终说的话吗？我去看他，赶上他正在昏睡，等他醒来，认出了我，心里一阵悲伤，停了停然后说："卡捷宁的

---

① 彼得·亚历山大罗维奇·普列特尼奥夫（1792—1866），俄国诗人，文学批判家。

② 即 1830 年 8 月 31 日信。

③ 普希金的伯父前月去世。

112

文章①多枯燥啊！"说完就再也没话了：怎么样啊？瞧一个忠诚的战士是怎样去死的吧，在败落之际仍发出战斗的呐喊②！你无法想象，从未婚妻身边溜开，在这里写着诗，有多么快乐。妻子就不同于未婚妻了。为什么？妻子就是自己的兄弟。对她你想写什么写什么。而未婚妻比书刊审查官谢格洛夫还厉害，舌头和手都被缚住了……今天我收到了她的一封颇为讨人喜欢的信；答应嫁给我，但没有陪嫁。陪嫁不要紧。还叫我去莫斯科——但我一个月之内走不了，由莫斯科我再去找你，我的亲爱的。杰里维格在做什么，你见过他吗？劳驾你去告诉他，让他给我汇钱来③；跟钱开不得玩笑；钱可是重要的东西——不信你去问问康克林④和布尔加林。

啊，我的亲爱的！这里的乡村多美呀！你想象一下吧：草原连着草原；周围寂静无人；骑在马上随你跑到哪里，坐在家里随你写什么，没有任何人来打搅。我已为你准备了各种货色，有散文，也有诗。再见吧，我的亲爱的。

———————

① 指卡捷宁发表在《文学报》上的《思考与分析》。

② 原文为法文。

③ 发表在《文学报》上的文章的稿酬。

④ 时任财政大臣。

我的悲剧①怎么样了？我写了一个哀诗体的小序②，要不要把它寄给你？不过你可记得，你曾答应我要写一个有力的、长篇的序言。那么悲剧的价呢，一万还是一万二？

普希金和她的妻子

---

① 即《鲍里斯·戈都诺夫》。

② 这个序只保留下几个题纲式的草稿，而剧本出版时没有序。

致 E.M.希特罗沃 [1]

由莫斯科寄圣彼得堡

1831 年 1 月 21 日

夫人，您责备我在莫斯科滞留，这完全正确。待在这里，人无法不变蠢。您知道一位无聊者的社会墓志铭：

我非孑然一身，你我亦非两人 [2]。

这也是对我的存在的讽喻。您的信 [3] 是能穿透我内心的、来自欧洲的唯一光线。

您还记得报纸全都十分无聊的那段美好时光吗？我们对此竟还牢骚满腹。不错，要是我们今天仍不满意，那么就很

---

[1] 此信原文为法文。

[2] 典自法国诗人列勃林（1729—1807）的讽刺诗，诗人这里指的是自己做新郎的时间过长，他是在 1831 年 2 月 18 日举行的婚礼。

[3] 希特罗沃给普希金写过许多信谈西欧和波兰发生的事件。

难有什么符合我们的意愿。

波兰问题很好解决，只有奇迹可以拯救它，可奇迹现在并不存在。它获救的前景渺茫，唯一的获救便是不要再寄希望于获救①，这当然属无稽之谈。波兰人只有奋起抗争才能有某种希望。

所以，青年人倒是对的。不过占上风的却是隐忍者，我们拿下了华沙省，这早在三十三年前就该做到②。所有的波兰人中，我只关心密茨凯维奇③一人。起义之初他在罗马，我真担心他去华沙目睹他的祖国的弥留。

对于我们官方的文章我不以为然。里面满篇挖苦腔调，有失大国的尊严，即使其中有可取之处，亦即真诚爽直，也全出自皇帝陛下；所有糟糕的地方，亦即自我吹嘘和寻衅的语调，全出自他的刀笔吏④。大可不必煽动俄罗斯人去反对波兰。我们的观点早在十八年前就已经完全确定。

---

① 原文为拉丁文。

② 普希金在这里流露出一种泛斯拉夫主义情绪，当年9月他的另外两首同样情绪的诗发表后，引起他的一些友人的不满。

③ 亚·密茨凯维奇（1798—1855），波兰著名诗人，普希金1829年曾在莫斯科与他见过面。

④ 指沙皇尼古拉一世的御前大臣Д.勃鲁多夫。

116

对法国人我几乎不再感兴趣。革命或许应该结束了。可是每天还有人散播新的革命种子。他们的国王早就夹把雨伞 ① 沦为地道的市民。他们企盼共和国，也建立了共和国——可是欧洲能说些什么，他们又能在哪里发现拿破仑？

杰里维格的死给我带来悲伤。除开罕见的才气，他还有一颗天赋的头脑和非同一般的坚忍的心灵。他是我们当中的佼佼者。我们的行列开始减员。

悲伤地向您致意，夫人。

莫斯科故居内景

---

① 法王路易—菲力普带伞散步，当时同时受到官方的吹嘘和反对派的嘲笑。

致 Π.A.普列特尼奥夫

由莫斯科寄圣彼得堡

1831 年 1 月 31 日

刚刚收到两千卢布[1]，我的恩人。够了，上帝，够了[2]
今年我不再需要钱了。余下的四千卢布请寄索菲亚·米哈伊洛夫娜[3]，——我不会再打搅你。

可怜的杰里维格。让我们用他的《北方花朵》[4]追荐他吧——不过，要是这会祸及索莫夫[5]——他对他抱以赤诚，我会深感遗憾。我们的朋友故世对他也不啻灾祸：心灵的情感在衰颓、变幻，生的渴求没有沉睡。

---

[1] 这笔钱是付给普希金《鲍里斯·戈都诺夫》的稿酬，该书由普列特尼奥夫负责出版。

[2] 原文为拉丁文。

[3] 杰里维格的遗孀，寄这笔钱是为偿还普希金所欠债务。

[4] 普希金和普列特尼奥夫出版了杰里维格最后一期《北方花朵·1832 年》。

[5] O.索莫夫是杰里维格《北方花朵》的责任编辑。

巴拉丁斯基打算写杰里维格的生平。我们全会以我们的回忆鼎力相助。不该这样吗？我在皇村时就认识他，是他的诗歌精神——外加我们尚未给予应当公正评价的才气——早期无形发展的见证。我和他展卷共读杰尔查父和茹科夫斯基——和他探讨所有让我们激动和抑郁的事情。总而言之，我熟谙他的青春时代；而你和巴拉丁斯基更清楚他臻于成熟的初始时期，你们是他心灵壮年时期的见证。让我们写写我们朋友的第二次生命吧，这生命所充溢的不是浪漫的传奇色彩，而是美好的感情，是光明纯洁的理性思考和希冀。请就此给我写写回信。

从你的来信看，图曼斯基现在圣彼得堡——替我拥抱他。你若还没爱上他就去爱吧。他身上有许多很好的禀性，尽管在某些琐事上这禀性是小俄罗斯式的。

叫格涅季奇把诗寄给《北方蜜蜂》，真是个好主意①！幸亏格列奇拒绝了——鲜花焉能插在牛粪上？诗人杰里维格与……②警探法捷依③焉有共同之处？

---

① 格涅季奇写的诗《纪念安·安·杰里维格男爵逝世》，后被格列奇退回，发表在《文学报》上。

② 原信缺损或删节。

③ 即布尔加林。

亲爱的，还有一个请求：找一下圣—弗罗朗[1]（就是他的继承人），并替我偿清债务。我大概得付他一千卢布。向他表示我的歉意——我竟把他们忘光了。

遗孀[2]情况如何？

莫斯科故居内景

---

① 原文为法文。

② 指杰里维格的遗孀。

致 Н.И.克利夫佐夫 ①

莫斯科

1831 年 2 月 10 日

亲爱的朋友，寄上我的那部你喜欢的作品 ②。你曾经对我早期的写作有所偏爱 ③——那就请对我成熟时期的作品也给以惠顾。离群索居 ④ 能有什么作为？今年秋天我将与你为邻 ⑤。我想和你见见面，随便聊聊过去的事情——瘟疫隔离

---

① Н.И.克利夫佐夫(1791—1843)，俄国外交家，十二月党人，С.克利夫佐夫的兄弟，曾参加过抗击拿破仑入侵的战争；1817 年与普希金相识，并始终与诗人保持友好关系。克利夫佐夫 1818 年出使英国时，普希金曾以伏尔泰的作品相赠，并题诗《何时你才能再握住这只手……》。克利夫佐夫在国外时与斯塔尔夫人等欧洲文化名流熟识，后来成为无神论者和自由主义者，曾把一些宣传无神论的诗作寄赠普希金；他的一些书信因激进恣肆而被普希金在 1825 年冬烧掉。

② 指《鲍里斯·戈都诺夫》。

③ 普希金与克利夫佐夫相识之初曾将当时写成的两首诗给他看过。

④ 指住在毗邻唐波夫的留比奇村。

⑤ 指将在波尔金诺逗留。

带妨碍着我。这样，就只有上帝才知道命运让我们何时何地再次聚首。我们不可能断然起身。你行动不便[1]，我在婚娶。

我结婚了——或已近完婚。你对我说过的单身生活的好处和结婚的坏处的所有的话，我曾斟酌再三。我冷静地权衡过我的选择的利与弊。我的青春是热热闹闹又碌碌无为地度过的。直到现在，我的生活一直与常人大相径庭。我并没感到幸福。只有和世人共同生活才能找到幸福[2]。我已三十开外，一般人在三十岁年纪上都要结婚——我便从俗而为，大概今后也不会对此抱悔，何况我的婚娶既不令人陶醉，也无狂喜可言。未来之于我并不浪漫，一切全都明摆着。不幸并没有使我感到突兀，它们已经计入我的家庭收支簿中。任何欢乐对我来说将不啻意外。

我今天心情抑郁[3]——信就此止笔，免得把我的不快传染给你，你还是自得其乐吧。请给我回信，寄阿尔巴特街希特罗沃家。最近我通过维亚泽姆斯基收到你1824年写的信。

谢谢，不过我不再回信。

---

① 克利夫佐夫1813年在库里姆的战斗中失去双腿。
② 原文为法文。典出自法国作家夏布多里昂的长篇小说。
③ 原文为英文。

122

致 Ⅱ.Α.普列特尼奥夫

由莫斯科寄圣彼得堡

1831 年 2 月（不迟于）16 日前

再过几天我就要结婚了：告诉你我的家庭收支情况：我抵押了我的两百名农奴，得款三万八千——钱分配如下：一万一给岳母，她想尽快地让她的女儿有份嫁妆——毫无办法。一万给纳肖金补做家用，使他摆脱窘境；钱是实打实的东西。余下的一万七用于置办家具和全年的生活开销。6 月我到你处，再开始像平头百姓一样 ① 生活，我在这里对岳母简直不堪其苦——她的要求既荒唐又可笑——弄得你手足无措。现在你该明白什么叫嫁妆和我生气的原因了。不用家产便可迎娶——这我做得到，可要为置办衣服而负债——我却力所不及。然而我很固执，至少在婚娶时要坚持已见。毫无

---

① 原文为法文。

办法：就请发表我的几部小说①。两周内我给你寄去，争取复活节前印出。

莫斯科故居外景

---

① 指普希金写的《别尔金的小说》。普列特尼奥夫经办普希金作品的出版事宜，与诗人的收入关系密切。《别尔金的小说》1831年10月底问世。

致 Ⅱ.А.普列特尼奥夫

由莫斯科寄圣彼得堡

1831 年 2 月 24 日

我亲爱的，我很为你不安。听说圣彼得堡感冒流行。我很担心你的小女儿。我任何时间都等你的信。

我结婚了，而且十分幸福；我唯一的愿望，就是我的生活中不发生任何变化——再好一些的生活对我来说是奢望。现在的一切对我来说都是新鲜的，我似乎获得了新生。给您寄去名片——妻子不在家，因此她本人不能向斯捷潘尼达·亚历山德罗夫娜①自我介绍了。

请原谅，我的朋友。男爵夫人②近况如何？对杰里维格的记忆是我快乐生活中的唯一阴影。拥抱你和茹科夫斯基。

---

① 普列特尼奥夫的妻子。

② 指杰里维格的遗孀。

我从报上知道格涅季奇又获新的任命^①。这任命乃是我真诚热爱的皇帝陛下的正直的行动，他举止聪敏而且如堂堂一国之君时，我总为他而感到高兴。再见^②。

祝所有的人健康。

---

① 当时格涅季奇被任命为专科学校管理总局委员。

② 原文为意大利文。

致 Ⅱ.А.普列特尼奥夫

由莫斯科寄圣彼得堡

1831 年 3 月 26 日

再和你说说经济情况：多亏父亲有办法使我得到三万八千卢布①，我结婚了，而且好歹没有借债就安下家来。对我的岳母和我妻子的祖父无从寄予希望，这部分是因为他们的家境并不富裕，部分因为不能轻信他们的许诺。至少从我这方面说，我的行为正大光明，而且也不那么功利。我既没自吹自擂，也没有怨天尤人——因为我的妻子十分可爱，而且不仅是外貌端庄，所以我并不认为我应做的一切是付出了牺牲。好了，再见，亲爱的。

---

① 普希金曾因抵押二百名农奴获三万八千卢布。

致 А.Ф.沃耶伊科夫 [①]

皇村

1831 年 8 月（不迟于）15 日前

刚刚读完《狄康卡近乡夜话》。里面的故事使我惊喜万分。这才是真正的欢娱，真挚，洒脱，毫无矫饰，清丽自然。许多地方真是诗意盎然！真是情感的流溢！这一切在我们当今的文学中真可谓鲜见，我直到现在仍陶醉其中。有人告诉我，作者走进排印《夜话》的车间，但见排字工人用手捂着嘴哧哧地笑个不停 [②]。印刷技术部管理人员解释他们高兴的原委时对他坦白承认，排字工排他的书时都笑得要死。莫里

---

① А.Ф.沃耶伊科夫（1779—1839），俄国诗人、批评家，普希金反对布尔加林和格列奇的盟友，"阿尔扎马斯社"的成员，《祖国之子》等杂志的出版者。这封信是普希金对果戈理《狄康卡近乡夜话》的首次评论，曾发表在沃耶伊科夫编的《俄罗斯残废军人报·文学副刊》上。

② 果戈理在 1831 年 8 月 21 日给普希金的信中详尽地写过排字工人发笑的情况。普希金此处几乎是一字不落地加以引用。

哀和菲尔丁①当年把排字工人逗笑过，大概也是很开心吧。我祝贺读者有了一本使人娱悦的书，衷心期望作者取得更大成就，假如舆论出于职业习惯攻讦他语句不雅，笔调卑俗之类，看在上帝的分上请站在他一边吧。是时候了，我们该嘲笑我们文学中可笑的女才子②了，该嘲笑一下那班人：他们总是津津乐道漂亮的女读者，可他们又没有这种女读者；总要津津乐道上流社会，自己却被上流社会拒之门外。这全是特列季亚科夫③教授的仆役的作派。

---

① 莫里哀（1622—1673），法国著名喜剧作家。菲尔丁（1707—1754），英国长篇小说家和喜剧作家。

② 此处原文为法文，这是莫里哀喜剧中的一个人物。

③ B.特列季亚科夫(1703—1768)，俄国诗人和翻译家。他的作品常因晦涩而受世人嘲笑。

普希金

致 И.И.德米特里耶夫 ^①

由圣彼得堡寄莫斯科

1832 年 2 月 14 日

尊敬的伊万·伊万诺维奇先生：

谨向阁下表示我最深挚的谢意，惠赐之函^②是您对我的垂顾的最珍贵纪念。您的垂顾使我在无知者们的冷眼中得到

---

① И.И.德米特里耶夫（1760—1837），俄国著名的卡拉姆津派感伤主义诗人，阿尔扎马斯社成员，曾任俄国财政大臣，与普希金结识较早。普希金第一首公开发表的诗《致诗友》（1814 年），曾称赞他是"俄国的光荣，不朽的诗人"，并借用他的诗句写诗，在文学论战中，表现与这位诗歌前辈对卡拉姆津的《俄国史》的共同立场。1820 年前后，两人的文学立场发生分歧，争论遂起；德米特里耶夫对普希金的长诗《鲁斯兰与柳德米拉》的成就不以为然，普希金则在长诗二版前言中不指名地讥讽了这位前辈。1829 年以后，由于俄国文学态势的变化，两人重修旧好。德米特里耶夫开始承认普希金的诗人地位，普希金则在写作《普加乔夫史》时，使用了老诗人未公开发表的自传笔记及其他素材。

② 指德米特里耶夫 2 月 1 日致普希金的信，其中写道："卡拉姆津之后，迄今只有普希金一人可以使我去读无韵诗，并使我忘掉了韵脚。"

慰藉。我很高兴您能满意我的诗①，尽管是些无韵诗。您该喜欢韵脚，就像喜欢一位永远不与您发生争执、永远因您的最微小的任性举动而自责的忠实的仆人。对任何一个俄罗斯人来说，能够享受到您的惠顾和关注都足以欣慰：从生理学的意见看，这是长寿和安康的保证。愿您长寿，先生！感受一下我们这一代人吧，就像您万能的工稳的诗作感受时下孱弱的作品。

您大概已经知道，《欧洲人》杂志因为有人诬告而遭禁②，吉列耶夫斯基，好心又可怜的吉列耶夫斯基在政府眼里已经是一个乖戾的人，一个雅各宾党徒！这里所有的人都期盼他能去申辩一番，让佞言者——或者至少是那些诬陷之辞——大丢其脸，或者让人揭穿。

以深挚的敬意和始终不渝的忠诚，荣幸地做阁下最恭顺的仆人。

亚历山大·普希金

---

① 指普希金的《鲍里斯·戈都诺夫》和《莫扎特与沙莱里》。

② 《欧洲人》杂志因发表吉列耶夫斯基的《十九世纪》而被沙皇尼古拉一世查禁，不是有人告密。

致 И.В.吉列耶夫斯基 [①]

由圣彼得堡寄莫斯科

1832 年 7 月 11 日

尊敬的伊万·瓦西里耶维奇先生：

我不再和您书信往还，是担心给您招致多余的不快或无端的猜忌，尽管我深信烧煤不会反为煤污。今天给您写信完全因为一件出人意外的事，我将对您开诚布公。您的杂志遭禁 [②] 对这里影响很大，所有的人都站在您一边，即站在完全无辜的一方；我所听到的那些诬陷之词统为布尔加林之类的草包所为。茹科夫斯基以他热情的爽直为您奔走说情 [③]；维亚泽姆斯基给宾肯道尔夫写了一封大胆、睿智又言之凿凿的

---

① 此信原文为法文。

② 吉列耶夫斯基的《欧洲人》遭禁一事参见普希金 1832 年 2 月 14 日致德米特里耶夫信中的注释。

③ 茹科夫斯基曾给宾肯道尔夫和沙皇尼古拉一世各写一信，慷慨激昂地为吉列耶夫斯基辩诬。

信。惟独您未见行动，您此时闪烁其辞是不对的。作为一个公民，您被政府褫夺了它所有臣民的一项权利；您该出于自尊，而且我敢说也出于对皇帝陛下的尊重而起来辩白，因为他的攻讦还不是波列沃依或是纳杰日金① 攻讦的主要之点。我不知道事情是否已经过迟，不过处在您的位置上我是断不会拒绝辩驳的。您在辩白的信里反反复复就这么说：您长久地等着政府的垂询，故而至今保持沉默，但是……等等。上帝保佑这些还不算多余之举。

不过，我对您、您的兄弟② 和雅济科夫提出一个由衷的请求。最近，我办一份政治和文学报的请求获准。不要抛弃我，弟兄们！您若能负担一部分工作，读过什么书后写上几句话投递给我，那么上帝是不会抛弃您的。尼古拉·米哈伊洛维奇③ 太懒，不过，因为我这里发表的诗可能很少，我的要求也不会使他太为难。请给我写几句（不必担心这样就会有损我的政治声誉），关于前述报纸的话。乞望您的建议和帮助。

---

① H. 纳杰日金（1804—1856），俄国批评家，《望远镜》杂志的出版者。

② 即俄国文学家、民间歌曲收集家 Π. 吉列耶夫斯基（1808—1856）。

③ 即雅济科夫。

另说几句笑话：您以为您的书信动辄就会给人招来祸水是没有道理的。与您通信在我看来是十分惬意的事，一如您的友谊我是常常引为幸事的。急切地期待您的回复——我大概最近要去莫斯科。

普希金

致 H.H.普希金娜

由莫斯科寄圣彼得堡

1832 年 9 月 25 日

　　你真聪明，你真可爱！写了多长的一封信！又写得那么精巧！多谢了，我的爱妻。怎么开始就怎么写下去吧，我会永远为你祈祷上帝的。你可以与厨师达成协议，随便什么条件都行，只是别让我不得不中饭在家吃，晚餐去俱乐部。我的马车匠狡诈得很，一块森林垦地刮去我五百卢布，我的马车用上一个月总有毛病。不和耍小聪明的人有瓜葛，这是我的处世哲学。弗利别里乌斯或者约西姆① 朝我要一百多卢布，不过，他们未必哄得了我，看在上帝的分上，别再给玛莎吃太多的鲜奶油或是抹香脂了。你那位乌特金娜我很不相信。顺便说说，你要当心，又怀孕了。要是这样，一开始就得珍重自己。不要骑马，卖弄风情就得换个方式，这里所有

---

① 两人都是给普希金家干活的手艺匠人。

的人对你的评价都不错。听说你的那位达维多夫 ① 娶了一位丑婆娘。昨天有人说给我一段趣闻，听我告诉你。1831 年 2 月 18 日，尼基茨区里，在沃兹涅谢尼耶教区举行了一场婚礼 ②。仪式当中，两个年轻人彼此交谈 ③。其中一位温柔地安慰另外一位、正在举行仪式的少女的不幸的恋人。那位不幸的恋人长吁短叹，泪水满面，希望随着时间的流逝把失去理智的激情忘掉等等，等等，等等。维亚泽姆斯基家的小姐们 ④ 听到了全部谈话，认定那位不幸的恋人便是达维多夫。我也是这样看，是别杜什科夫，或是布里亚诺夫 ⑤ 甚而确切说是索罗赫金。怎么？这莫非不是件很有趣的趣闻？你打算去找普列特尼奥夫，值得称赞，可是你去了吗？去吧，我的爱妻，我要对你道声谢。家里人怎么样？没出什么乱子吧？昨天我在维亚泽姆斯卡娅那里，她那里去了个车队，我托他们给你带封信，信却忘了带在身边。我现在把信转寄给你，

---

① 达维多夫及下文中的索罗赫金都是普希金妻子的崇拜者。

② 普希金的婚礼是1831年在沃兹涅谢尼耶教区举行的。

③ 普希金说的是1831年手抄本大学生杂志《摩摩斯》中的内容，摩摩斯是古希腊神话中的诽谤之神。

④ 指维亚泽姆斯基的女儿玛利娅和普拉斯科维娅。

⑤ 别杜什科夫是普希金的诗体长篇小说《叶甫盖尼·奥涅金》中的人物，布里亚诺夫是普希金的伯父写的长诗《危险的邻居》中的人物。这两个人物都在《叶甫盖尼·奥涅金》第5章中出现。

但愿我笔下写给你的、我们的孩子们的话不要遗漏一行。纳肖金天真到了极点，他家又添了两个新仆役。一位是演过二流情人的演员，现在完全木木讷讷，迷迷糊糊的；另一位是位修道士，在犹太人中受过洗，受制于苦行僧的精神枷锁，给我们现身说法犹太教会，给我们讲莫斯科的修女们的奇闻异事。纳肖金对他说：每天到我家来吃饭吧，也勾引一下我的使女，就是不能勾引奥库罗娃。这算是哪门子修道士？他让我笑破了肚皮，可我就是没法理解，他被那等污秽行为所包围该怎么个活法。我把一缕缕鬈发送给马林诺夫斯卡娅[1]家。他们留下话叫我去参加晚会，我大概是不会去的。我要办的事情渐入正轨。明天就开始操持，假如一周后还办不完，就又要拜托给纳肖金了，我本人则要回到你的身边，我的天使，我的爱妻。只好先道别了，耶稣基督与你、与玛莎同在。你见到卡捷林娜[2]了吗？衷心向她致意，吻她还有你的纤手，我的天使。

星期日

　　一个重要的发现：伊波里特[3]会讲法语。

———————————

[1] 普希金妻子儿时的伙伴。

[2] 指普希金妻子的姨母 K. 扎格利亚日茨卡娅。

[3] 普希金的仆人。

致 H.H.普希金娜

由莫斯科寄圣彼得堡

1832 年 9 月 27 日

昨天刚把信送去邮局便收到你的整整三封信。谢谢你，我的妻子。感谢你很早安寝。不好的只是你还在各种场合卖弄风情。你不该收留普希金①，因为其一，我在的时候，他没到我们家来过一次，其二，即便是我充分信任你，也不该授世人以柄来毁谤我们，就为这些我要拽你的耳朵温柔地吻你，就像什么事情也没发生。我在这里过得平和、规矩；我忙于事务，听纳肖金聊天，读狄德罗的《回忆录》②。维亚泽姆斯卡娅举办过一次晚会，我在那里见到了英俊的别佐勃

---

① 指普希金娜的堂伯弗·穆辛·普希金。

② 此处原文为法文。

139

拉佐夫①。他和我客客气气谈天说地，就如同亚历山德罗夫在鲍波林斯卡娅那里。你知道吗，这很让我动心。再见了，有人来找我。

空空一阵紧张：是伊波里特给我送咖啡。今天我要去找达维多夫，不是你的那位崇拜者，而是一位教授；但是，任何一个达维多夫——丹尼斯②除外——我都不喜欢，在莫斯科大学我心绪不宁。我的到来引起喧嚣和人们的兴致，这当然使我的自尊得到极大的满足。

又是一阵紧张——穆罕诺夫给我送来一包软果糕，再见了，耶稣基督与你和玛莎同在。

星期二

吻卡捷林娜·伊万诺夫娜的纤手。别忘了。

---

① 此处原文为法文。C. 别佐勃拉佐夫（1801—1879），俄国军人，他与下文中的俄国贵族巴·亚历山德罗夫（1808—1857）都是普希金娜的崇拜者；普希金在这里揶揄了他们之间的暧昧关系。

② 指普希金的朋友丹·达维多夫。

普希金的妻子

致 H.H. 普希金娜

由多尔若克寄圣彼得堡

1833 年 8 月 20 日

亲爱的妻子，瞧我多像奥德赛 ①。你还记得吗，我离开你的时候正是风暴最紧的时刻。我的历险自特罗伊茨桥开始。涅瓦河水势高涨，桥都打开直竖起来了 ②，护桥绳索拉紧，警察不许车马通行。我差点又折回黑溪。但是，我总算到上游渡过涅瓦河，离开了圣彼得堡。天气吓人，皇村大道两侧的树木在摇曳，我从五十公里处才开始看得清它们。小水洼里也是波浪，沼泽地里翻腾着白色的狂涛。所幸风和雨只是从身后推着我。我平静地坐着挨过这段时光。你们——圣彼得堡的居民们没出什么事吧？你们那里没有又发洪水吧？怎

---

① 一译"俄底修斯"，古希腊盲诗人荷马著名史诗中的主人公，在特洛亚战争结束后，历经磨难，用了十年光阴才回到家乡。

② 每当巨轮通过或洪水到来时，涅瓦河上的桥可以从中打开。

么，这次洪水又让我错过了①？这真令人沮丧。次日，天气晴朗。我和索波列夫斯基步行十五俄里，路上打死了几条蛇，它们慽慽懂懂爬上沙地欢庆日出。昨天，我们顺利抵达多尔若克，索波列夫斯基因为衣服弄得很脏大发脾气。今天八时醒来，大吃了一顿早餐，现在又转弯前往雅罗波列茨，——我把索波列夫斯基连同瑞士干酪一起抛下了。我的天使，这就是我的旅行的详细汇告。车夫用泥泞的乡间小道吓唬我，把马车驾得摇摇摆摆。我差点像安列普②一样跌到水塘里淹死，详情我在雅罗波列茨再写给你。我希望在辛比尔斯克接到你的信。给我写写你的乳腺炎，等等。不要娇宠玛莎，你自己也要珍重身体，26 日③不要卖弄风骚。不，也没法卖弄风骚④，不过，毕竟还是不要卖弄。敬礼，并以叶尔莫洛夫⑤式的温柔吻卡捷林娜·伊万诺夫娜⑥的纤手。吻你，并

---

① 1824 年 11 月圣彼得堡发洪水，当时普希金正在米哈伊洛夫斯科耶村流放。

② 罗·安列普，生年不详，俄国将军，普希金与他认识。1830 年，他因神经病瘁发在沼泽地里淹死。

③ 8 月 26 日，为纪念波罗金诺大捷将在皇宫举办舞会。

④ 此处暗喻沙皇尼古拉一世赴德国访问，不在圣彼得堡。

⑤ 即 A.叶尔莫洛夫将军。

⑥ 即普希金娜的姨母扎格利亚日茨卡雅。

祝福你们全体：你、玛什卡和萨什卡。

　　向维亚泽姆斯基致意，见到他请转告，暴风雨使我没能与他话别和说说我一路要操持的文集 ① 的事。

星期日

---

① 维亚泽姆斯基曾计划在 1834 年初与普希金共同出版一部文集，后未出版。

致 H.H. 普希金娜

由巴甫洛夫斯克寄圣彼得堡

1833 年 8 月 21 日

　　我的天使，你猜不出来我是从哪里给你写信的：从巴甫洛夫斯克，在我好像对你多次说过的别尔诺沃和马林尼基之间。昨天，我转向乡村土路朝雅罗波列茨进发，路上高兴地知道这条路要经过伍尔夫家的领地，便决定去探访他们。晚八时我抵达了我善良的巴维尔·伊万诺维奇 ① 的家。他高兴我的到来如同欢迎自己的亲眷。我发现这里变化很大。五年前，巴甫洛夫斯克、马林尼基和别尔诺沃到处都是枪骑兵和一些娇小姐；如今枪骑兵已经调防，小姐们也都星散。老女友中我只找到那匹牝马，我骑上它去了马林尼基。它在我的胯下也不再撒欢或尥蹶子了，在马林尼基再也见不到安妮特、

---

① 即 Ⅱ.伍尔夫。

145

叶甫普拉克霞、萨莎、玛莎[1]等人，住上了巴拉斯科维雅·亚历山德罗夫娜[2]家的管家，叫列依赫曼，他还款待我喝酒。我过去写诗讴歌过的维里亚谢娃[3]就住在附近，不过我不打算去找她。我知道这会让你心里不是滋味。我在这里饱餐了一通果子酱，打了二十四圈惠斯特牌，输掉三卢布。你看，我在这里一切都很安全。很多人向我问起你，问你是像说的那么漂亮吗——你长得什么样：黑头发还是淡黄头发？胖点儿还是瘦点儿？明天曙光初绽我便要前往雅罗波列茨，在那儿逗留几个小时再去莫斯科，大概要在莫斯科待三四天。我忘了告诉你，在雅罗波列茨（罪过——是在多尔若克），那位做一手好格瓦斯饮料和煎一手好饼子的胖胖的波扎尔斯卡娅小姐[4]一直把我送到旅店的门口，在回答我的温存时说：您再觊觎别人家的美色是该脸红的，您自己家里就守着一个连我碰上（？）都惊叹不已的美人。你该知道，波扎尔斯卡

---

[1] 安妮特即安娜·伍尔夫；叶甫普拉克霞即叶·伍尔夫；萨莎，奥西波娃的女儿；玛莎，奥西波娃的女儿。

[2] 即奥西波娃。

[3] 奥西波娃的侄女，普希金曾在《我驱车向你驰去……》等诗中赞美她的妩媚。

[4] 原文均为法文。

娅小姐[①]与若尔什太太[②]长得一模一样,只是多少苍老些。喏,我的爱妻,你的美貌在所有的县城闻名。你该知足了吧?愿家里所有的人身体健康。小玛莎还记得我吗?她又在搞什么新名堂?再见,我的瘦点儿的黑发女(不对吗?)。我的行为检点,你不会为什么艳遇对我气鼓鼓的。这封信在我离开你家的庄园后寄达。你照过镜子没有:你是否相信世上没有什么可与你的面庞相比美?而我爱你的心灵甚于你的面庞。再见,我的天使,热烈地吻你。

普希金的妻子

---

① 原文均为法文。

② 原文为法文。若尔什是普希金娜身边的女助产士。

致 H.H.普希金娜

由下诺夫戈罗德寄圣彼得堡

1833 年 9 月 2 日

我的天使，我今天从马车里往外跳，重重地摔在路边，可还是给你写了信。没有什么可对你说，也无要事向你禀报，再呈上一份自娜塔丽娅日 ① 开始写起的汇告。清晨我到布尔加科夫府上去致歉同时逊谢 ②，不过，我要了张表格给那些管理员，尽管我能写一手好诗，他们却不尊重我。我在他家碰见他的女儿和妻子与人偷情的 ③ 弗谢沃罗日斯基，他行色匆匆，从喀山去你们圣彼得堡。他们约我参加巴什科夫别墅的晚会，我没去，心疼刚刚毛毛楂楂长出来的胡子。在我过独身生活时的朋友和同志苏坚科家吃午饭，现在他也已经婚

---

① 可能指普希金妻子的命名日。

② 普希金没有应约出席布尔加科夫家的宴会。

③ 原文为法文。

娶，有了两个孩子，洗手不赌了，不过有了一万两千五百卢布的进项。我的天使，我们以后也会有的。他的妻子不是爱张扬的女人，朴素，但不漂亮。我们三人共进午餐。我不拘礼节地建议为我过命名日的妻子的健康干杯，我们都痛痛快快，把一大杯香槟酒一饮而尽。晚上在纳肖金处。真是个开心的夜晚！香槟、拉斐特葡萄酒①、潘趣酒②加菠萝——酒都是为你的健康喝的，我的心肝。次日，我在书摊碰见了尼古拉·拉耶夫斯基这个狗崽③。他温和地问我："你怎么不来我家？"④"那是牲口圈，"⑤我动情地回答，"你把我的小俄罗斯手稿派了什么用场？"⑥随后，我们便漫无目的地徜徉。他怕我从马车里摔出去，一直当众抓着我的领子。我们面对面共进午餐(三个人喝了一瓶马德拉葡萄酒,罪过)。后来，为了体尝生活的多样，我又在纳肖金家里过了一夜，

---

① 一种法国产的葡萄酒。

② 一种用沸糖酒加糖水和果子露等制作出来的饮料。

③ 原文均为法文。

④ 原文均为法文。

⑤ 原文均为法文。

⑥ 原文为法文。此处所说手稿可能是古代手稿的抄件。普希金素来对乌克兰历史饶有兴趣，特别是写作《波尔塔瓦》时，1829—1831年还曾萌生写作《小俄罗斯史》的念头。

次日，他为我设午宴饯行，有鲟鱼和热糖酒，安排我上了车，我便直冲大路而去。

喔嗬，我的爱妻，真是可怕！现在我得郑重其事地承认。要不要对你说那个字眼呢？你弱小的心脏承受得住吗？我有意用我在莫斯科午餐的叙述拖长这封信，是为了尽量迟些写到那个倒霉的地方，不过不管愿望如何，你会知道：在第二个驿站不给我换马，我在那里碰上一位市长太太，从莫斯科随带奶娘去找丈夫，一路受尽欺负。她对我恶语相加，起初拿腔作调挖苦我，劝我："您不脸红吗？这成何体统！后院有两乘马车，可昨天起您一乘也不派给我。""真的？"我说完便去租下这两乘车要自己用。市长太太发现我不是马车管理员很难为情，开始向我道歉，让我感动至极，便让给她一乘，——她完全有权利使用——自己又再租下另外一乘，也就是第三乘，然后驱车而去。你会觉得，这怎么算是晦气。且住，我的爱妻，这还不是事情的全部。市长太太和她的奶娘为我的义举所动，遂决定不再撇下我，而要在我的保护下前进，对此我也慨然应诺。我们就这样几乎同时到达尼日尼城——她们后来被甩下三四个驿站，现在我自由了，又是单车独骑了。你会问：市长太太漂亮吗？瞧你说的，我的天使

150

塔莎，她不好看，说起这事我就伤心——真见鬼！事情了结啦。就行行好饶了我吧。

今天我到了省长布杜尔林将军家里，他和他的妻子接待我真是热情，他劝我明天也在他家进餐。市场已经打烊。我在寂落的小铺间穿行。给我的印象如同冈察罗夫家的马车远去，舞会已经散场。你会发现，尽管有段市长太太和她的奶娘的插曲，我还是爱冈察罗娃·娜塔莎的。遥送去不知飞往何处的吻。再见，我的美人。我崇拜的偶像，我价值连城的宝贝，我何时才能与你相见……[①]

---

① 原文为意大利文。

普希金和妻子

致 H.H. 普希金娜

由奥伦堡寄圣彼得堡

1833 年 9 月 19 日

　　我昨天到了这里,费了很大气力,道路很坏,天气也很冷,明天去找雅依克河①流域的哥萨克,在他们那儿逗留三四天,然后经萨拉托夫和宾扎去乡下。

　　怎么,我的爱妻,你很苦闷吗?没有你在我很忧伤。如果不是怕羞的心理作祟,我真想一字不写就直接回到你的身边。这当然办不到,我的天使。既来之,则安之,就是说,既为写作而来,就得写出一部一部的小说,一首一首的长诗。我感到有些古怪的念头挥之不去——坐在马车里我也在暗自嘀咕,晚上就寝会有什么事呢?有一件事使我情绪低落:就是我的仆人。就听他那口莫斯科小办事员的腔调吧。他人鲁钝,说话喋喋不休,隔上一天就醉倒一次,吃我旅途上的冷

---

① 乌拉尔河的旧称。

冻榛鸡，喝我的马德拉葡萄酒，作践我的书，每到一处驿站，他不是叫我伯爵，就是叫我将军。他把我气坏了，仅此而已。我的伊波里特！顺便说说下人们：你和他们合得来吗？我担心你身边的下人太少；还要不要再雇？找就找女佣，你和男佣合得来吗？这些都让我寝食不安。我和你的父亲一样，遇事多疑。这里不再说我们的孩子了。

愿上帝保佑他们身体健康，也保佑你，我的爱妻。再见了，爱妻。到达乡下以前，你不要再等我的信了。吻你并祝福你。

我的举止多么正派！你会多么满意于我！我没有向公主们谄媚，也没和驿站的站长太太们动手动脚或和卡尔梅克女人调情——这几天还回绝了一位巴什基利亚女人，尽管对一个旅人来说那种好奇之感绝对情有可原。你知道吗，有句谚语说：到了生地方，老妪也金贵。好了，我的爱妻，就学学我的样子吧。

致 H.H.普希金娜

由波尔金诺寄圣彼得堡

1833 年 10 月 2 日

　　我亲爱的朋友。我昨天到了波尔金诺——我以为可以在这里找到你的信，结果一封也没找出。你怎么了？病了？孩子们有病了？你会想得到我的心都紧起来。抵达波尔金诺时，我有一种最不祥的预感，结果真的没有你的任何消息。我却反倒很高兴——我真怕有些什么不好的消息。不，我的朋友：有妻室的人去旅行是很糟糕的事！要不你就独身！就可以心无旁骛，不为任何人的死亡而悲悲切切。你收到的我写的最后一封信该是从奥伦堡寄出的。从那里我又前往乌拉尔斯克——当地的族首和哥萨克隆重欢迎我，招待我吃了两次饭，为我的健康都喝得有些醉意了，争先恐后把我该知道的事情告诉我，给我吃当着我的面做的鲜鱼子酱。我出发的当晚（9 月 23 日）下起我一路上碰到的首场雨。你该知道，

155

今年全国大旱，上帝对我情有独钟，给我到处备下最好的路。一旦返回，又赐我这雨，半个小时以后，那路就没法走了。很少下雪，我很稀罕冬天的路，乘雪橇走了五十俄里。路过雅济科夫的地方时，我去找过他，见到他们弟兄三人，和他们高兴地共进午餐，并过了夜，然后就驱车到了这里。进入波尔金诺地界时邂逅几位牧师，我诅咒了他们一通，就像诅咒辛比尔斯克的兔子。如此，这些路遇才有些味道。你要注意呢，我的妻子，当心别在我出门在外时跳舞上瘾，你忘了我，却对别人一再卖弄风情。对上帝对姨婆我只有一个希望，但愿保护好你别再为迷乱所惑。我荣幸之至地告诉你，从我一方面来说，对你我是守身如玉，像个刚刚呱呱坠地的幼婴。一路上和我打交道的都是七八十岁的老妪，再小一些……① 六十岁上下的是见不到的。在普加乔夫坚持了半年的别尔德村我有一次得手 ②——发现了一位七十五岁的哥萨克女人 ③，那个时代她是记住了，就像我和你都记着 1830年。我没有摆脱掉她的纠缠，对不起：连你我也没想起。现

---

① 原文缺损或删节。

② 此处原文为法文。

③ 指 И. 彭托娃，普加乔夫起义的目击者，她讲的许多故事被普希金收入《普加乔夫史》和《上尉的女儿》中。

在我想把许多东西理出个头绪，再写很多东西，然后带着一路的收获回到你身边。邮车通常星期天去阿勃拉莫沃。我希望信——今天是星期一 —— 一个星期可以等到。请原谅——我是为了普加乔夫才撇下了你。耶稣基督与你们同在，我的孩子们。吻你，我的爱妻，并祝聪敏、健康。

普希金和妻子

致 H.H.普希金娜

由波尔金诺寄圣彼得堡

1833 年 10 月 11 日

我的天使，有件事情：去找普列特尼奥夫并求他在我返回之际嘱人从《法规大全》（1774 至 1775 年[1]）中转抄下有关普加乔夫的全部敕令。别忘了。

你情况如何？怀孕了吗？本月我回不去了，可望 11 月底返回。别打搅我，别惊忧我，注意健康，照顾好孩子，不要和沙皇眉来眼去，也不要和柳芭郡主的未婚夫[2]调情。我在写作，异常忙碌[3]，不见任何人——我会给你带去各式各样不胜其多的作品。但愿斯米尔金规矩本分。我这几天把诗

---

[1] 也包括 1773 年。——普希金原注

[2] 指前一封信中的别佐勃拉佐夫。

[3] 普希金这段时间写出的作品甚丰，有《普加乔夫史》《上尉的女儿》《黑桃皇后》等，文学史家称他这个时期为"波尔金诺的金秋"。

给他寄去。你知道邻省的人是怎么议论我的吗？他们是这样描述我的写作的：普希金这样写诗——他面前放着一俄升最有名的露酒——他把一杯一饮而尽，然后是第二杯、第三杯——笔下已是洋洋洒洒！瞧我多神气。至于说到你，你的娇美远播到我们的牧师太太，她四处传扬，说你十全十美，不但脸蛋漂亮，身段也好。还能再怎么修饰你呢。请原谅我，吻你们并祝福你们。也吻姨母的纤手。玛莎会说话了吗？会走路了吗？我给萨沙吹声口哨。再见。

致 H.H.普希金娜

由波尔金诺寄圣彼得堡

1833 年 10 月 30 日

昨天收到你的两封来信，我的朋友，谢谢！不过，我想多少说你几句。看来，你没有安守本分，又去卖弄风骚。要当心，卖弄风骚不入时尚自有道理，而且通常被看作步入歧途的信号。这事弊端颇多。你喜欢有人追求你，就像公狗高挺起尾巴追求母狗，去闻……① 这倒真是开心！不仅仅你，巴拉斯科维娅·彼得罗夫娜② 也长于和那些喜欢拈花惹草的光棍汉调情。你只要张扬一下"我是位猎艳能手"就够了，这就是卖弄风情的全部秘诀。有了食槽，何愁没有贪食的猪崽。你为什么要见向你求爱的男人？说不定你会落入他们的圈套。读一读亚·伊兹迈洛夫写弗马和库吉马的那篇寓言

---

① 原文删节或缺损。

② 此处可能指维亚泽姆斯基的女儿。

吧①。弗马拿鱼子酱和鲱鱼款待库吉马，库吉马要酒喝，弗马不给。库吉马便对弗马恶语相加。诗人因此得出如下教训：美女多事端！您不给人家酒喝，就别让人家吃鲱鱼，不然您得责骂库吉马。你没发现吗？我求你不要在我家安排这种冠冕堂皇的家宴。我的天使，我吻你，一如什么事也没有发生；我感谢你详尽又坦诚地给我描述了你放浪形骸的生活。我的爱妻，你得去散散步，只是别玩得失度或把我忘掉。我忍不住希望看到你打扮成尼农②的模样；你本该光艳夺人。你以前怎么竟然没有想到这种老式的……③也没仿效她的发式？请给我描述一下你在舞会上的情况，大概正如你的所写，跳舞的时节到了。但是，我的天使，不要去卖弄风情。我不会嫉妒，而且知道你不会放荡不羁，花天酒地，不过，你是知道的，我对莫斯科的小姐们发出的所有味道、对所有散发出庸俗、没有教养的味道的东西④都很不喜欢。假如我踏上家门坎时发现，你可爱、朴实和高雅的风度已经陡变，我就要离

---

① 指俄罗斯寓言作家、诗人 A.伊兹迈洛夫的寓言《圣洁的啤酒》。

② 原文为法文。这里指尼农·德兰科罗，法国上流社会有名的交际花。

③ 原文删节或缺损。

④ 原文为法文。

婚，凭耶稣基督起誓，我要去投军以摆脱痛苦。你问我生活怎样，是否风度翩翩。首先，我蓄起了胡须：唇须和胡须——向年轻人炫耀；你上得街去，别人会称你是老人。第二，我七时醒来，喝过咖啡再躺到三点。不久前我发狂地写作，如今已经写下很多东西。三点去骑马，五点洗浴，然后吃土豆和荞麦粥。九点以前一直读书。这就是我的一天，一无变化。

请卡捷琳娜·安德烈耶夫娜[①]不要生我的气；你生产了，我没有余钱，便匆匆躲开——无论怎样也到不了杰尔帕特。请向她、麦谢尔斯卡娅、索菲亚·尼古拉耶夫娜[②]和维亚泽姆斯基公爵夫妇致意。告诉波列季卡[③]，我要亲自回去吻她，可邮局不知什么原因不予接受。卡捷琳娜·伊万诺夫娜怎样了？她怎么会让你像神仙一样自由自在？啊，上帝！吻玛莎，请记住我。萨沙怎么会得麻疹？耶稣基督与你们在一起。祝福和吻你们。

---

① 俄国著名作家卡拉姆津的遗孀。

② 卡拉姆津的女儿。

③ И.波列季卡（1890年故世），普希金娜的女友，但同时是普希金的死敌，据考，她是引发普希金与丹特斯决斗的匿名信的作者之一。

19 世纪俄罗斯贵族生活

致 H.H.普希金娜

由波尔金诺寄圣彼得堡

1833 年 11 月 6 日

我的爱妻，我的朋友，我不太记得从前一班邮车寄给你的信里写了些什么。只记得我有些动肝火，大概信写得有些生硬。我再柔和些说一遍，卖弄风情不会有任何好处，尽管也能有些乐趣，然而再没有什么可以如此迅速地使一位少妇失去尊严，舍此既无家庭的安宁，也无从谈及对世事诸多方面的平和。你的胜利无任何快慰可言……① 你向她效法发式（注意，你梳这种发式很迷人，今天夜里我想过这一点）。尼农 ② 说过：所有的男人心中都写着：妖艳的女人最轻佻 ③。这样，你还会因为连连占取男人们的心而自傲吗？

---

① 原文缺损或删节。

② 原文为法文。

③ 原文为法文。

请你好好想一想，不要无谓地折磨我。我很快就要回去，不过因事要在莫斯科逗留些时日。我的爱妻，我的妻子！我在路上颠簸，在偏远的草原一连住了三个月，还要在我厌恶的莫斯科——我恨这座城市——停上一停。这都是为什么？是为了你，我的爱妻；是为了你的生活不致平生波澜，让你随心所欲地出人头地，何况你年轻美貌，又正是大出风头的时候。请你也爱护我，不要再给和男人的生活断不可分的操劳平添不宁和家庭龃龉之类① 了。更不消说男人戴绿帽子名声不好② ，这方面我最近读了勃兰多姆的整整一本论文③ 。

弟弟做了些什么事？我没有提议他去充任军人的公职，就像服军役一样，他对此也绝无能力，但他至少还有一副……④ 好身板，他驾驭马匹要比坐办公室强。我看没有欧洲战争我们便无所适从，我对这种说法让步了。那个路易·菲力普⑤ 使人如鲠在喉。我们迟早会打到那儿的——那时，列

---

① 此处原文为拉丁文。

② 原文为法文。

③ 彼·勃兰多姆（1527—1614），法国专事宫闱秘闻写作的作家，此处指他写的《风流妇人的生活》。

④ 原文缺损或删节。

⑤ 即法国国王路易·菲力普。

夫·谢尔盖伊奇 [①] 就又会如我们的议会代表所说享受荣誉和桂冠。我建议他不妨放浪形骸，做些好的、有益健康的事情。我在这里萌生接受瓦西里·里沃维奇 [②] 遗产的念头。不过监护人把他抢得够惨的，那情景都无从想象；宾肯道尔夫都不能出面说项：到圣彼得堡以后我试过。我随即就此给父亲写过信。他现在大概已经在我们家了。我给你带回许多诗，不过万勿泄露：不然文集的编辑出版家们就得上门找麻烦。吻玛什卡、萨什卡和你！祝福你、萨什卡和玛什卡！吻玛什卡，等等，无数次地吻。真想在姨母的命名日时回到你的身边。上帝保佑。

---

① 即诗人之弟列夫，波兰事件时他曾在俄国驻波的军队里。

② 普希金的伯父。

19 世纪俄罗斯贵族舞会

致 H.H.普希金娜

由圣彼得堡寄麻布厂

1834 年 5 月（不迟于）29 日前

谢谢你，我的天使，你报知了玛莎长牙的好消息。现在我期盼别的孩子的小牙也顺顺当当长出来，下一个是萨沙了。你说你信里没写自己的事是因为了无兴致，这你就错了。你写你自己要比写索洛古勃①伯爵夫人写得好，你对她始终成见太深，这会招致所有有良知的人和偷拆我们私信的警察的耻笑。你问我现在做什么事。什么正事也没做，我的天使。不过，四点以前，我一直待在家里，而且写作。没有到场面上去混，我对衣着打扮厌恶已极，晚上去俱乐部。书也从巴黎寄来了。我的藏书又多起来，挤挤挨挨的。那位善腹语者②也到圣彼得堡来了，他和我逗笑弄得我眼泪都流出来了；

---

① 原文为法文。

② 原文为法文，指法国演员瓦杰马尔。

我当然很遗憾你没有听到他的笑料。庄园事务的忙乱搞得我苦不堪言。如你惠允，我大概应该辞去职务，无限惋惜地叠好我的宫廷近侍的制服。这套衣服真满足了我的虚荣，而且遗憾的是，我还没好好穿穿显摆一下哩。你很年轻，可你是一个家庭的主母，我相信，你履行一位善良母亲的职责，就如同你履行一位忠实善良的妻子的职责一样，并不感到困难。依赖别人和家庭管理得混乱在一个家庭里是可怕的事，没有什么虚荣的成功会受到安逸和自足的褒奖，这就是所谓的道德。你叫我八月以前到你身边。想进天堂，但罪孽太深，你还觉得污秽的圣彼得堡没让我厌恶至极？在圣彼得堡，我在中伤和密告中生存有何乐趣可言？你问我《彼得》①。写得很慢，我正在积累素材，还要加以整理——我要在瞬间建造一座铜铸的纪念碑，这纪念碑不会随意由城市的一端拖向另一端，从一个广场拖向另一个广场，从一个街巷拖向另一个街巷。昨天我见到了斯别兰斯基、卡拉姆津一家、茹科夫斯基、维耶里戈尔斯基、维亚泽姆斯基——他们都向你问好。姨婆一直娇纵我——给我送来一篮甜瓜和草莓祝贺生日——这真使我害怕用腹泻来庆贺我生机勃勃的生命的第三十五个

① 指《彼得大帝史》。

年头。今天我要把你的信给她送去。我们先道别吧，我的朋友。

我爱发火，就请原谅我那封雷霆万钧的信，吻你，并祝福你。

钱寄到了德米特里·尼古拉耶维奇^①名下。

---

① 这是普希金娜的长兄。

致 H.H. 普希金娜

由圣彼得堡寄麻布厂

1834 年 6 月 8 日

我亲爱的天使！我给你写了一封洋洋四页的长信[1]，可那信情调晦暗又痛苦，我就没有给你寄出，又写了另外一封。我苦闷至极。没有你的日子百无聊赖，甚至都不敢把积郁我心头的一切写给你[2]。你说起波尔金诺。在那里暂留很好，也十分理想。这些我们还来得及再说上一说。我的妻子，不要生气，也别把我的牢骚往坏处解释。我从未想责怪你喜欢依赖他人。我和你结为伉俪是因为没有你，全部生活就极为不幸；我没有去从军，那样就更糟，就会让钱的事情捆住手脚[3]，依赖家庭生活使人更有操守。我们让充满虚荣、一味

---

[1] 这封信没有保存下来。

[2] 普希金因私信被当局邮检，故有此说。

[3] 指普希金为出版《普加乔夫史》向沙皇借钱。

索求的自我充满这种依赖，它就会让我们有失体面，如今，那虚荣和索求正睥睨我们，一如睥睨下人们，对他们来说，虚荣和索求要求他们怎样，他们就怎么去行事。失尊总比遭人蔑视强。我和罗蒙诺索夫一样，不想低俯在上帝脚下当小丑[1]。然而，这全都不是你的过失，错就错在我心肠太好，尽管我阅历丰富，我的心肠却好到了荒诞的地步。

谢谢你的秤，这是我穷酸相的华丽的外饰。姨母把秤寄来未附任何便笺。大概她现在正张罗着让娜塔丽娅·基里罗夫娜对克楚别依公爵的死讯[2]有所准备，他还没有如己所愿地抵达你们那里，就在莫斯科撒手归西。钱还没给你寄。不得不打发老人们上路[3]。我总是被人狠狠地折磨。我大概会听从你的意见，尽快拒绝经管庄园。让他们愿意怎么糟蹋就怎么糟蹋去吧。庄园寿数已尽，我们好歹会给萨什卡和玛什卡一口吃的，不对吗？没有新闻，费凯里蒙[4]病了，而且非

---

[1] 罗蒙诺索夫 1761 年在一封信中写道："我不想当傻瓜，不仅不在全知的皇上案前或某些土地所有者跟前，也不在我的上帝脚下屈尊。"

[2] B. 克楚别依（1768—1834），俄国贵族，曾任俄国公民事务管理大臣。

[3] 指普希金的父母去乡下。

[4] 沙·费凯里蒙（1777—1857），时为奥地利驻圣彼得堡公使。

常忧郁。维耶里戈尔斯基去意大利看他生病的妻子。圣彼得堡空了，人人都待在别墅里闭门不出。四点以前，我一直待在家写作。在邱玛处吃午餐。晚上在俱乐部。这就是我的一天。为了有所排遣我在俱乐部打牌，可一打起来就不能罢手。赌博使我冲动，可是胆病却不消停。吻你并祝福你。再见，我等着你写信说说雅罗波列茨。不过要小心……你的信大概也要被拆检：这是国家安全的需要 [①]。

圣彼得堡故居

---

① 这是普希金的有意挖苦。

致 H.H. 普希金娜

由圣彼得堡寄麻布厂

1834 年 7 月 11 日

我的爱妻，你多少有点矫情了（我好容易才把这个字眼写好）。你生我的气，一会儿是为索洛古勃伯爵夫人，一会儿是为我的信太短，一会儿因为言辞冰冷，一会儿又为我没能回到你的身边。你把这些都好好琢磨一下就会发现，我对你非但清清白白，而且几近神圣。我没向索洛古勃伯爵夫人卖弄风情。因为我根本就没见到她；信写得短，语气又冰冷，个中原因你是知道的；没有回到你的身边也是因为事务缠身，我要出版《普加乔夫史》，典卖庄园，忙忙碌碌，终无宁日——你的信让我痛苦，同时也让我高兴；假如你收不到我的信而伤心落泪，你就会更爱我，我的爱妻。为这个得吻你的纤手和纤足。

你会发现我怎样的勤奋，怎样读校样[1]——又把雅可夫列夫[2]折腾得怎样团团转！我只有到八月时才能回到你的身边。现在和你说说昨天的舞会。我昨天在费凯里蒙[3]家。你该知道，你离去以后，除了俱乐部我哪儿都没去过。昨天，我刚步入灯火通明的大厅，眼见许多珠光宝气的贵妇，立刻像个德国教授一样感到很难为情。我好容易找到女主人，好容易挤出几句话来。随后我环顾四周才发现，来的人并不多，舞会很简朴，俨然不是大型晚会。我不认识的贵妇中有些是普鲁士人（俄罗斯贵妇要中看一些，更不消说你了），那套打扮像是叶尔莫罗娃[4]在服丧。我吃够了冰激凌就独自打道回府——已是午夜一时。我似乎没有什么失体的地方要遭人谩骂。上流社会里许多人问起你，盼着你大驾光临。我说你是去卡卢加跳舞去了。于是所有的人都对你此举赞不绝口，都说：这才是贵妇人——于是我的心里美滋滋的。姨母昨天

① 普希金当时在审读《普加乔夫史》的校样。

② 雅可夫列夫当时是第二厅印刷厂的负责人，《普加乔夫史》便在这所印刷厂印刷。

③ 达·费凯里蒙，俄国女贵族。

④ Ж·叶尔莫罗娃（1794—1850），拿破仑的元帅拉萨尔的女儿，后嫁给俄国将军叶尔莫罗夫。

到我这儿来了，我们还在马车里说了话。我向她倾诉生活不快而酿就的一肚子苦水，她安慰我。我最近差点酿下大祸：我和那位①几乎吵翻。我心灰意冷，伤心极了。和这位闹翻不会有好结果。我又不会一直生他的气，即使是他不对。今天我去了普列特尼奥夫的别墅。他的女儿过命名日。没有见到他却撞上他那斜眼的堂姊——一无所获。他去了奥拉尼恩巴乌姆，给大公夫人上课。我沮丧极了，又无可奈何。再见，我的爱妻——我该就寝了。吻你和你们所有的人，祝福你们大家，耶稣基督与你们常在。

圣彼得堡故居内景

---

① 指沙皇尼古拉一世。

致 H.H. 普希金娜

由圣彼得堡寄麻布厂

1834 年 7 月（不迟于）14 日前

你一定要知道我是否会很快回到你的身边？请听我说，我的美人。我正在典卖父亲的庄园，事情完全了结还要一周。我正在印刷《普加乔夫史》，这要耗费整整一个月。我的爱妻，爱妻，请忍耐到八月中旬，我会立刻出现在你面前，拥抱你，再把孩子们亲个够。你怎么会认为独身生活会让我感到其乐融融？我一睡下就梦见回到了你的身边，梦见我待在莫斯科郊外你们家的一个村落里，给上帝点上一支蜡烛，待在天堂而不受罪愆侵扰该有多么惬意。让我能挣些钱吧。不是给我，而是给你。我淡泊金钱——不过我尊重金钱当中唯一的体体面面的独立方法。你给我写的那封机关算尽的信说的是哪位芳邻？你干吗要拿他来制造我的痛苦？我看出来是怎么回事了。那是位三十六岁的人，退伍军人，再不就是自行选择职业的公务员。大腹便便，衣冠楚楚。有三百个农奴，遇上年景不好，还可以把他们转卖出去。离开你之前对你卿卿我我。就是这样吧？而你，一个女人呢，一旦落寞便去寻找崇拜者，而且挑上了他：干得漂亮。还说什么你厌烦了舞会，须知你去卡卢加不就是为了跳舞吗。真是莫名其妙！——我该对你诉说我的苦恼。最近我苦闷得很，递交了辞职申请，结果从茹科夫斯基那里领受了一通申斥，从宾肯道尔夫那里得到一份令我大为震惊的干巴巴的退职证。我乞求基督和上苍，不要批准我辞职。可你感到很高兴，对吧？我要再能活上二十五年有多好，设若先缩短十年，我就不知道你会如何是好了，玛什卡，特别是萨什卡会说些什么。他们会因为他们的父亲像个小丑一样给埋掉、他们的母亲却在阿尼契科夫宫的舞会上出尽风头而深感不安。哎，毫无办法。上帝是万能的，主要的是我不想让别人说我忘恩负义而蔑视我，这比说我自由主义还糟糕。愿你健康。吻孩子们，并替我向他们祝福。再见了，吻你。

亚·普

致 H.H.普希金娜

由圣彼得堡寄麻布厂

1834 年 7 月（不迟于）30 日前

怎么回事，我的爱妻？已经一个多星期没有收到你的信了。你在哪儿？出了什么事？在卡卢加还是在乡下？你答复一下吧。是什么使你痴迷，使你走火入魔？是什么舞会抑或是情场上的胜利？要不就是你生病了？耶稣基督与你同在。要不就是你想让我尽快回到你的身边。我的爱妻，请不要使用这些军事谋略。它们板着面孔折磨着远在离你千里之外的我。雅可夫列夫一旦放我归去，我会马上回到你的身边。我的事情很有进展。两卷书突然间就付梓了。不要为区区两三周的时间逼我抛却一切，以后又整整一年嗟叹不已。学聪明一点儿吧。我很忙，整个早晨都在写作——一下就是四个钟头——谁也不放进来，然后去邱玛的餐厅就餐，然后去俱乐部里打打台球——回家很早，我是希望能发现你的来信——

结果整整一天都是自欺欺人。忧伤，忧伤……

我和维亚泽姆斯基公爵已经约好。我租他的房子，到 8 月 10 日支付他两千五百卢布——我让他备些零星物什，我会很快飞回你的身边，不会等得太久了。

再见了——请多保重。吻你的肖像①，画像不知怎么不大对劲儿。请注意……

---

① 大概指画家 A. 勃留洛夫（1798—1877）1831 年为普希金娜作的肖像。A. 勃留洛夫是著名俄国画家 K. 勃留洛夫的哥哥。

普希金的妻子

致 И.И.德米特里耶夫

由圣彼得堡寄莫斯科

1835 年 2 月 14 日

尊敬的伊万·伊万诺维奇先生，小卡拉姆津[1] 把阁下的信给我看了，您在信里责备我，这极其无理。我要立刻向您辩白：我至今没有俯就您是因为我一直等着正在巴黎雕制的叶麦里扬·伊万诺维奇的肖像；我希望我向您掷下的书[2] 绝无瑕疵。若有差池，从我的角度讲或许不仅是因为力不从心，而是辜负了您的苦心：我的纪事之于您必须是写得明快，写得生动，这样，这本书在许多方面连最挑剔的读者也会谅解。

您嘲笑我们这一代人[3]，当然您是有充分权力的。我不会偏袒我的时代的历史学家和诗人；某些人已进入老年，有

① 即安·卡拉姆津(1814—1854)，著名俄国作家尼·卡拉姆津之子。
② 指《普加乔夫史》，上面提到的叶麦里扬·伊万诺维奇即普加乔夫。
③ 德米特里耶夫曾把 30 年代的文学不加区分地斥责为无原则性的商业文学。但他与普希金在否定 H. 波列沃依方面又走到了一起。

的人较少欺世盗名，更多的是学识和勤奋，有的人更多坦诚和给人以精神上的温暖。至于说到金钱收益[①]，请允许我说：是卡拉姆津在商品大循环中以文学给我们率先垂范。

不知您是否对我们学院的命运感兴趣。前不久学院失去了那位以身殉职的秘书[②]，他是在审校自己字典[③]最后一页校样时死去的，不知谁是他的后继。神圣的位置从来不会闲置，不过，常任秘书的位置却不是谁都可以占的，假如这个位置不被撤销。

上帝保佑，您在给安德烈·尼古拉耶维奇·卡拉姆津的信中荣幸提到的您的那位同代人[④]还结实，而且每天还继续光顾斯米尔金的小书店，逢周六去学院。他在书店收集他自己那些还没售罄的作品，再把它们以感人的大度分赠给学院里的院士们。

以深挚的敬意和忠诚，荣幸地做阁下最恭顺的仆人。

亚历山大·普希金

---

① 普希金在此保卫了作家获取报酬的权利。

② 指俄国科学院常任秘书 П.索科洛夫。

③ 指《俄语辞典》。

④ 指 Д.赫沃斯托夫公爵。

致 H.H.普希金娜

由米哈伊洛夫斯科耶村寄圣彼得堡

1835 年 9 月 14 日

　　和你在一起有多惬意。我没把地址给你，你也没向我问及。地址如下：普斯科夫省奥斯特洛夫市三山村。今天是 9 月 14 日。离开你已经一个星期了①，我亲爱的朋友。我也弄不懂为什么要这样做。还没开始动笔写作。也不知道何时能够开始。不过，我无时无刻不在惦念你，于是也就想不出什么东西来写。我很后悔没有带你同行。这里的天气真好！已经一连三天我就是散心，不是散步，就是骑马。这个秋天我都要这样消遣下去，只要老天不给我们像样的上冻，我就一个字也不写，回到你的身边。普拉斯科维娅·亚历山德罗夫娜仍旧不在这里。她不是在别基切娃②的村里就是在普斯科

---

① 普希金 9 月 7 日前往三山村。

② E. 别基切娃（1774—1840），奥西波娃的堂姊妹。

夫忙忙碌碌。这几天可望能等到她。今天我看到月亮从左边升起，就开始非常担心你。我们的远征计划①如何？见到康克林娜伯爵夫人②没有？答复如何？假如康克林伯爵对我们讨嫌，咱们还有尤里耶夫伯爵③应对万一，我会介绍你去见他。请尽量常给我写信，把你做的所有事情都写给我，我好知道你又去与谁调情，到过哪里，举止如何。又信口雌黄什么，和你那位同名者④争锋是否感到幸福。再见了，我的心肝，吻玛丽娅·亚历山德罗夫娜⑤的小手。我求她在你身边当我的守护神，吻萨什卡的圆脑门。祝福你们大家，向阿吉娅和柯克婶婶们⑥深表敬意。转告普列特尼奥夫，叫他给我写信说说我们共同的事情⑦。

---

① 指普希金娜找康克林伯爵洽商借贷的事。

② E.康克林娜(1795—1849)，俄国财政大臣康克林之妻，也是十二月党人穆拉维约夫的姐姐。

③ B.尤里耶夫，一位高利贷者。

④ 指艾·德希娜·普希金娜，当时著名的美女。

⑤ 普希金的女儿，当时三岁。

⑥ 即普希金娜的两个姐姐，她们1834年9月底开始住在普希金家。

⑦ 普希金曾想与普列特尼奥夫共出一部文集。

普希金的大女儿 玛丽娅

致 H.H.普希金娜

由米哈伊洛夫斯科耶村寄圣彼得堡

1835 年 9 月 21 日

　　我的爱妻，已经 21 号了，可我还没收到你写的任何一行字。这不由使我顿生不安，尽管我知道你大概不会在 17 日之前，在巴甫洛夫斯克知道我的地址。是这样吧？况且圣彼得堡的邮车一周只来一次。但是，我还是很不安，因此什么东西也写不出来，时光却在流逝。不管你的想象力如何丰富也想象不出人要是孤独地在空房子坐着抑或在林子里徜徉，没有任何人去干扰他的思考，直思考得头脑发晕会是什么滋味。我在思考什么呢？我想的是我们以后何以为生。父亲没有给我留下什么财产，他已经把财产挥霍过半；你们的庄园也濒于破产。皇上既不让我当地主，也不让我办报刊。上帝作证，为金钱而写书我做不来。我们没有任何正式收入，可正式的开销倒有三万。一切都要由我和姨妈[①]负担。可是我和姨妈都不会长生不老，结局如何只有上帝知道了。眼前只是忧愁。吻我吧，这可以消灾祛邪。可糟糕的是，你的小嘴唇不会一直拉长到四百俄里之外。你就闲来喟叹吧，毫无办法！现在且听我说说杂志的事：我第三天头上找过符列夫斯基，在他家住过。我们在等普拉斯科维娅·亚历山德罗夫娜，可是她没有来。符列夫斯卡娅是个好心肠的可爱的女人，就是有点儿胖，像我们普斯科夫的高级僧侣麦弗吉。简直看不出来她早已没有身孕了，她还是你当初见到时的那副模样。我在他们那里借了瓦尔特·司各特的书拿回去细看。遗憾的是我没有把英文本带在身边。顺便说说，方便的话请把蒙泰尼先生的《经验》[②]寄给我——那是四本蓝色封皮的书，搁在我的长书架上。今天阴天，秋天来了，或许可以动手写作了。我在等普拉斯科维娅·亚历山德罗夫娜，她大概今天到三山村。我常散步，常骑马，骑那些驽马。这些马儿也乐得让我一骑，因为过后它们可以饱餐一通轻易吃不到的燕麦；而我则像芬兰佬一样吃烤土豆，像路易十八一样吃溏心鸡蛋。

① 即普希金娜的姨母扎格利亚日茨卡雅。

② 原文为法文。米·蒙泰尼（1533—1592），法国哲学家、作家。

这就是我的一餐。我九时就寝，七时起床。我现在也要求你给我一份类似的详情报告。吻你，我的心肝，还有所有的孩子，由衷地祝福：你们。愿你们健康，向你的两个姐姐致意。尽量告诉我：我叫她们姐姐呢，还是叫大姨子？再见。

致 H.H.普希金娜

由米哈伊洛夫斯科耶村寄圣彼得堡

1835 年 10 月 2 日

我亲爱的妻子，我们这里有匹小牝马，既可驾辕，也可乘骑。马儿哪儿都好，就是路上要是受了惊吓就撒欢，顺着沟坎土墩飞跑，一跑就是十俄里——这时除非它跑累了，没什么能把它制服。

我收到了你的信，我的温柔美貌的天使。你也在信里撒欢，用你在凯恩太太 ① 那里钉上掌的可爱又匀称的小蹄子踢人。但愿你现在已经累了并安静下来，我盼着你正经给我写封信，让我听到你的声音，而不是我本不该领受的谩骂，因为我的举止也一如一位漂亮的姑娘。昨天我开始写作了（切勿毒眼看坏 ② ）。我们这里天气很糟，秋天大概真的来了。

---

① 原文为法文。

② 这是一种求福祛灾的迷信说法。

也许灵感真会出现。从你那封火气十足的信里我得出结论，卡捷琳娜·伊万诺夫娜已经康复；要是她真的病得厉害，你就不会骂得那么起劲了，不过请还是给我写写所有的事，而且要详细。玛莎的事你怎么一句也没写？因为她还有萨什卡都是我心爱的孩子，我甚至一直喜欢她的那些鬼点子。凝望窗外我在想：要是突然间院里驶进一辆马车，上面坐的是娜塔丽娅·尼古拉耶夫娜该有多好！可是不，我的朋友，你还是好好待在圣彼得堡，我尽快提前回到你的身边。普列特尼奥夫情况如何？还有卡拉姆津夫妇。梅谢尔斯基夫妇等等 ①情况都如何？请把这些都写来。吻你，并祝福孩子们。

---

① 此处原文为拉丁文。

普希金的妻子

致 П.В.纳肖金

由圣彼得堡寄莫斯科

1836 年 1 月 10 日

我亲爱的巴维尔·沃因诺维奇：

我没给你写信是因为与莫斯科的邮局发生争吵①。我听说你要到乡下来找我，所幸的是你没有来，因为你已经不会在那里找到我了。我母亲的病情使我又折回城里。这里你的消息传得沸沸扬扬，说你赢了钱②。可是让我真正心静如常的是什么呢？那就是所有的人都大声疾呼替你辩白，而且是独独为你一人辩白。路上冻不死的话，我想去莫斯科。你能给我提供安身的角落吗？这样我们又可以开怀畅谈！而这里无人好谈，我的钱囊羞涩——我只好去办杂志③。我无法预

---

① 邮局扣发了普希金 1834 年 4 月 20 日和 22 日给妻子的信。

② 纳肖金当时确从一位公爵处赢下大笔的钱。

③ 指《现代人》杂志。

期以后会如何。斯米尔金许给我一万五千个卢布，让我摆脱开我的杂志，好再次成为他的《文库》①的合作者。不过，尽管此举好处甚丰，我都不能应允。森科夫斯基如此狡诈，斯米尔金又是如此鲁钝，和他们不能再有瓜葛。我期盼着看一眼你的家庭生活，并因此高兴一下。因为你的生活发生决定性的转变②时，我曾参与过，还产生过影响。我的家庭在添人进口，我的周围熙熙攘攘。现在似乎无须再对生活自怨自艾，苍老也没什么叫人害怕的。世上的单身汉总是很寂苦，看见新的年轻的一代人他会很沮丧，只有一家之尊的父亲毫无妒意地看着他周围青春的力量。由此可以得到结论，我们做得很好，我们结了婚。你们事情如何？还有克涅尔采尔③和娜塔丽娅·尼古拉耶夫娜很不喜欢的你的犹太医生④？她的感觉往往是敏锐的。小心点儿，别和他弄得不可开交：这也很有必要。不过，这些事情我们以后再谈。再见了，我的朋友。

---

① 指斯米尔金的杂志《读者文库》。

② 指纳肖金与纳加耶娃的婚姻。

③ 一位深得纳肖金信任的商人。

④ 指从事过炼金术的某公 B。

致 A.X.宾肯道尔夫 ①

圣彼得堡

1836 年 1 月中旬（16 至 20 日之间）

求您原谅我的固执，昨天我没有当面把事情向部长讲清楚——

我的颂诗 ② 未予任何说明便被寄往莫斯科。我的朋友们对它还一无所知。所有的暗示意味就都被巧妙地弱化了。讽刺部分是针对财产继承人的卑鄙的贪婪的。这位财产继承人在他的亲人身染重疴时就命令下人在他觊觎已久的财产上打上印记。坦白地说，类似的趣闻被我张扬，我不过是使用倏忽间在我头脑里闪过的诗歌表述而已。

恶行如果不在讽刺诗中得到暗示，诗就不可能写出来。杰尔查文在《权贵》一作中就描写了一位耽于色情的骄奢淫欲

---

① 此信原文为法文。

② 指普希金的诗《讽卢库尔的康复》。这首诗是揶揄国民教育大臣 C.乌瓦罗夫的，发表在 1835 年的《莫斯科观察家》上。

之徒，对民众的号啕充耳不闻，还欣喜地叫道：

　　　请给我片刻的安宁

　　　这比流芳千古更可受用。

　　这几行诗说的是波将金和其他人，然而这几句话流传下来，被无数次地重复。换言之，在讽刺作品里最卑鄙和流毒最广的缺陷，描写……

　　从本质上说，这乃是有知识的权贵的缺陷。我至今无法揣度，说杰尔查文进行人身攻击是受了几多冤枉。

　　听人说，在这个卑鄙的吝啬鬼，油头滑脑者，将公家的干柴窃为己有、对妻子虚与委蛇、最终成为有知识的权贵家的佣人这个马屁精等等的形象上，公众认出了权贵、一位富人、一位身居要职的人。

　　对公众来说如下做法可能更糟——我满足于我（不仅没有指名道姓）甚至都不是影射任何什么人的，我的颂诗……

　　我只请求有人向我证明我是指名道姓了——证明我的颂诗以什么特征适于我的讽刺对象，我影射的是什么。

　　这些全无定论，这些全是责难的本质所在。

公众是否公正我不以为意。对我来说最为重要的，是证明我从来未以任何方式明明白白地影射过什么人，从而说明我的颂诗是针对什么人而写的。

普希金

致 H.M. 亚济科夫 [①]

由戈卢波夫寄亚济科沃

1836 年 4 月 14 日

猜猜我从什么地方给您写信 [②]，我亲爱的尼古拉·米哈依洛维奇，是从那个地方

——那里，住过自由的人们…… [③]

那里，整整二十年前，我们三人——您、伍尔夫和我——曾经豪饮过；那里，您的诗曾被高声诵读过，还有斟满姚姆卡 [④] 的高脚杯，现在我们在那里常常回想起您——回想年代

---

① 尼古拉·米哈依洛维奇·亚济科夫（1803—1847），俄国诗人。

② 普希金是在普斯科夫省符列夫斯基的庄园写的这封信，此地距三山村十八俄里。

③ 这是亚济科夫的《三山村》中的诗句。

④ 一种俄罗斯民间用于老友相会时的酒，由白酒和罗姆酒调制而成。

已久的往事。向您致以问候，以米哈伊洛夫斯科耶山丘的名义，以三山村干草的名义，以蔚蓝的索洛塔河的波涛的名义，以叶甫普拉克霞·尼古拉耶夫娜①的名义——曾几何时，这位耽于幻想的姑娘，如今也臃肿了，五次怀孕，我现在正在她这里做客。以所有忠于您的心灵和记忆的名义向您致敬！

阿列克塞·伍尔夫也在这里，这位大学生，退伍的骠骑兵、蓄着唇须的农艺师、特维尔的罗甫拉斯②，还一如以前那样可爱，然而已过而立之年。我的普斯科夫之行没有大张声势，至今也不那么畅快，就如同我在流放时一样，如同亚历山大临政的那些日子。可是，此行竟使我那么活灵活现回想起您，我都不禁给您写下几句话期待您的回应。您会收到我的《现代人》的，惟愿它会得到您的激赏。批评文章中只有一篇是我论科尼斯基③的。愿我们一定合作下去。您的诗是生命之水；我们的诗则是死水；我们是用这死水来冲洗《现代人》的。请您用滚沸的水滴来喷洒它吧。《致达维多夫》一诗写得绝好，我们长着黑色鬈发的战士把那一绺白发染成

---

① 即符列夫斯卡娅，娘家姓伍尔夫。

② 不详。

③ 指普希金写的《白俄罗斯的大主教格奥尔基·科尼斯基作品选》一文。雅济科夫曾在《现代人》上发表过《伊万王子的悲剧故事》。

黑色后，本来花白的地方都染黑了，可是，您的诗发表以后，他又把那一绺白鬓发洗干净——他做得对。这是对诗歌膜拜的表现①。再见了，给我写信，也请给维亚泽姆斯基写信，回答他那首在《新居》（还记得吗？）上发表的献诗②。对这首诗您还未置一辞呢。祝健康，并常来信，亦即好好活着，也请叫别人好好活着③。

完全属于您的——亚·普

看在上帝的分上请给我寄些写神人阿列克塞的诗④，也可以是别的传说故事。很需要。

---

① 亚济科夫的《致达维多夫》发表于《莫斯科观察家》1835 年第 3 期，其中有诗句："你这长着黑色鬓发的战士，额头上留着一绺白色的发卷！"

② 指维亚泽姆斯基在 1834 年出版的文集《新居》上发表的《致亚济科夫》一诗。

③ 这是杰尔查文的一句诗。

④ 亚济科夫从事收集民间口头文学创作的工作，普希金因此对他提出这个请求。

普希金

致 H.H.普希金娜

由莫斯科寄圣彼得堡

1836 年 5 月 6 日

我到莫斯科已经三天，可是一直什么事也没做：没光顾档案馆①，没与书商洽谈生意，也没造访任何人，没去索尔恩采夫②府上表示敬意。你能要我做什么呢？纳肖金起床很晚，我和他聊着聊着，一看，该进午餐了，该进晚餐了，该就寝了——一天就这样过去。昨天找过德米特里耶夫、奥尔洛夫、托尔斯泰③，今天打算再去看别的人。诗人霍米亚柯夫娶了雅济科娃，一个诗人的姐姐，富庶的新郎、阔绰的新娘。你又耳闻莫斯科人什么绯闻了吧？流言再多我也不以为然。

---

① 指俄国外交部档案馆，普希金到这里是为写《彼得大帝史》收集材料。

② M.索尔恩采夫（1779—1847），俄国宫廷高级侍从，普希金姑母的丈夫。

③ 他们都是普希金的朋友。

莫斯科人说圣彼得堡听来都太可笑。比如一位叫萨维里耶夫的，是个近卫重骑兵军人，一位俊美的年轻人，爱上了波列季卡·伊达丽娅 ①，因此被戈林瓦尔德扇了一记耳光。萨维里耶夫即将被枪决。你想想看，伊达丽娅够多尴尬！②我的宝贝，有些谣传与你有关，而且还没有完全传到我的耳边，因为在城里对妻子的所为，丈夫总是最后才知道，不过你大概一会儿卖弄风情，一会儿冷若冰霜，把一个人 ③折腾得神魂颠倒，不得不把戏校的一帮学生召到身边，以求安慰。这不好，我的天使，谦逊是女性最好的装饰。为了满足热衷猎奇的莫斯科——莫斯科期待我如同期待一位携带许多闻所未闻的奇闻异事的来者——我只好说说亚历山大·卡拉姆津（历史学家的儿子）因为钟情于一位黑发美女 ④想自杀，万幸子弹只打碎了门牙。然而这些都是信口雌黄。你去找一下果戈理，告诉他如下事情：我见到了演员谢帕金 ⑤，他请他看在

---

① 原文为法文，即普希金娜的亲戚和女友伊·波列季卡。

② 萨维里耶夫是一位俄国军官，戈林瓦尔德是他的上司，普希金以这个杜撰的故事挪揄上流社会中的流言。

③ 可能是指沙皇尼古拉一世。

④ 此处原文为法文。

⑤ M.谢帕金（1788—1863），莫斯科小剧院演员。

上帝的分上到莫斯科来讲上一次《钦差大臣》，他不在场演员的表演就总不对劲。他说这部喜剧会很逗笑，也会招惹麻烦（莫斯科总是心怀叵测的）。从我的角度看，我也要这样劝告他：不该让《钦差大臣》在果戈理比圣彼得堡更加钟爱的莫斯科沉沦①。还有给普列特尼奥夫的一包东西，是给《现代人》的。要是审查官克雷洛夫不高抬贵手，就送审查委员会；愿上帝保佑能在第二期上发表。我急切地等你回信。你的妊娠情况如何？钱够花吗？我对我的莫斯科之行并无悔意，但我讨厌圣彼得堡。你是住在别墅吗？和房东关系如何？孩子们怎么样？真是思虑极苦！大概我必须有八万卢布的进项。我会有的，我冒险办杂志并非别无所求——因为这终究会有大笔收入，这笔钱别佐勃拉佐夫的母亲曾想控制：纯洁俄罗斯文学就是打扫厕所，就是仰赖警察。走着瞧吧……真见鬼！我的血都化成了苦胆汁。吻你和孩子们，祝福你们，问候诸夫人②。

---

① 果戈理的《钦差大臣》1836年4月至5月分别在圣彼得堡和莫斯科首次上演。

② 指普希金娜的姨母扎格利娅日茨卡雅和她的两个姐姐。

致 H.H. 普希金娜

由莫斯科寄圣彼得堡

1836 年 5 月 18 日

我的妻子，我的天使。尽管我感谢你那封温柔的信，可我还是要骂你一通：你干吗要写"这是我最后一封信，以后你不会接到信了"？你是想逼我 26 日以前回到你身边。这不成问题，上帝会帮忙的。没有我，《现代人》也会出版。可是没有我在你就生不了孩子。你能从接到的钱里拿出五百卢布给奥陀耶夫斯基吗？不行？那就等着我回去，问题都会解决的。你的新的命令，和你的开支有关的、涉及你的，你随便怎么发布都行；尽管和德米特里·尼古拉耶维奇打交道似乎比和娜塔丽娅·伊万诺夫娜更容易些。我只是出于对杜里耶先生和西耶莱太太的考虑①才这样说，我自己是无所谓

---

① 此处原文为法文。杜里耶和西耶莱太太都是圣彼得堡时装商店的老板。

的，你在圣彼得堡弄出来的新闻真吓人。你信里写的巴甫洛夫的事却让我可以容忍他了。我很高兴他向阿普列列夫[①] 发起挑战。在我们看来，杀人或许是一种不光彩的报复手段，但杀人就避免了决斗，杀人者只是受到处罚——而不是死刑。斯托雷平溺水而亡是件可怕的事[②]！当时就没有办法救他吗？托上帝的福，我们在莫斯科还平安无事，基列耶夫[③] 与雅尔的斗殴在本地迂腐的公众中引起极大愤慨。纳肖金很直率，也很聪明地袒护基列耶夫：一位帝国骠骑兵中尉喝得酩酊大醉，又打了一位起而自卫的小饭店主，这有什么大不了的？我们在红色饭店[④] 把德国人教训了一顿，在这样的时代难道我们还要忍气吞声不成？德国人还能若无其事不成？依我看，比起那些近卫重骑兵军人的豪宴和那些年轻人（别人啐到他们脸上，他们却用麻纱手帕把脸一抹，心里明白，

---

① A.阿普列列夫(1798—1836)，俄国官吏，他勾引另一位俄国小吏 H.巴甫洛夫的姐姐，而巴甫洛夫则在他与另一女子举行婚礼的时候将他杀死。

② H.斯托雷平(1806—1836)，俄国军官，1836 年 5 月，他在芬兰湾落水而死。

③ A.基列耶夫(1812—1849)，俄国军官，后来曾为出版普希金的作品筹措资金。

④ 圣彼得堡郊外的一个饭店。

就是弄出乱子也不会召他们到阿尼契柯夫宫[①]去的）的理智举动，基列耶夫殴斗的蠢举倒比较引人同情。勃留洛夫刚从我这里离去，极不情愿地去了圣彼得堡。他担心那里的气候，害怕受人摆布；我使劲宽慰他，给他壮胆；可是一想起我是办杂志的，我自己也吓得要命。尽管我是位贵人，可还是受到警探的申斥，说"您不要强词夺理"[②]，等等。我现在如何是好？莫尔德维诺夫会把我与法捷依·布尔加林和尼古拉·波列沃依同等看待，当密探看待。天知道我怎么会生在俄罗斯，而且精神丰富，卓有才气！大笑话，简直叫人无言以对。再见，祝健康，吻你。

普希金

---

① 圣彼得堡的一个花园宫殿，只有名流方可应邀入内。

② 此处原文为法文。

致 Н.И.乌沙柯夫 [1]

圣彼得堡

1836 年 6 月 14 日前后

有幸在从莫斯科回来时收到您的书 [2]，我一口气把书读完。

我不想把它当成一部满腹经纶的从戎之人写的作品来妄加评论，可是我惊叹作品明快、生动和如诗如画的描写。如今，艾里瓦尼、阿尔兹鲁姆和华沙的征服者 [3] 的名字将和他出类拔萃的历史学家的名字联到一起。我惊讶地发现，您如椽之笔也把永恒馈赠给我。您如同当年艾里万斯基伯爵使我步其后尘开入被征服的阿尔兹鲁姆一样，把我引进了荣耀的

---

① Н.И.乌沙柯夫（1802—1861），俄国将军，作家和历史学家。

② 指《1828—1829 年在土耳其的军事战役史》，该书注释中说普希金参加过其中的一次战斗。

③ 指俄军高级将领 И.帕斯凯维奇－艾里万斯基（1782—1856）。

208

庙堂。

　　致以深挚的……

致 H.A. 杜罗娃

由圣彼得堡寄叶拉布加

1836 年 6 月（不早于）25 日

非常感谢您坦率而果决的来信。信写得漂亮，因为它带着您炽热而又率直性格的明显印记。我要像书吏们通常所说的那样，逐一回答您的问题。

（一）您的《笔记》还在誊写 [①]，此事我只能托付给信得过的人，这样，事情就拖了下来。

（二）皇帝陛下愿意当我的审查员：确有其事，但我没有权利让他去审查外人的作品 [②]。当然，您是例外。但是，这样做就得师出有名，此事我想与您好好合计一下，免得欲速不达。

（三）您成功地穿越了一片天地；您正在步入您还完全

---

① 杜罗娃的《女骑手笔记》手稿笔迹潦草。

② 杜罗娃急着要普希金出版她的《女骑手笔记》，并担心稿酬问题，她在 6 月 24 日的信中别出心裁，请普希金把书稿推给沙皇审查。

陌生的新天地。写作的烦劳您尚未理喻。一个星期时间书是出版不了的；出书至少需要两三个月，手稿需要誊抄，要拿去送审，然后再交付排版，等等，等等。

（四）您信中写道："快行动起来，或让我行动起来"。手稿誊毕我一经拿到，便马上行动。这不能也不应该有碍您从您的角度开始行动。我的目的是使您获得尽可能多的实惠，而不使您成为贪婪成性的、不可救药的书商们的牺牲品。

（五）我不能别出心裁求见皇帝陛下，原因很多。我还打算若您的《笔记》送检未获通过万不得已时去找皇上。若能有幸与您谋面再向您当面解释。

余下的五百卢布①有幸7月1日前付给您。我通常（与所有的杂志经办人一样）只在买下的文章问世之后才行付酬。

我知道有人可能心甘情愿买下您的《笔记》，不过，他的条件可能对他本人比对您更为受惠。无论如何，您打算卖掉手稿也好，直接发表也好，出版方面的各项事宜、校样等等，就请您委托我办。请相信我的忠忱，看在上帝的分上，不要急着指摘我的努力。

---

① 普希金曾在《现代人》第2期上片断发表《女骑手笔记》，并写了称赞的前言。这五百卢布即为当付杜罗娃的稿酬。

211

以深挚的敬意与忠忱，荣幸地做阁下最恭顺的仆人。

亚历山大·普希金

又及，《现代人》第二期最近出版，届时我在钱的方面也会随意一些。

普希金

致 П.Я.恰达耶夫 [1]

由圣彼得堡寄莫斯科

1836 年 10 月 19 日

感谢您给我寄来的小册子 [2]。我兴味盎然读了多遍，尽管我对它的翻译和发表很感吃惊 [3]。我对翻译十分满意，其中保留了原作的奔放和挥洒。至于观点您是知道的，我远不是在所有的方面都能赞同您。毫无疑义，教会分裂 [4] 把我们与欧洲的其他部分割裂开来，我们没有参加任何一次震撼欧洲的大事件，不过，我们有自己特殊的使命。这就是俄罗斯，

---

① 此信原文为法文。1836 年，《望远镜》杂志第 15 期发表恰达耶夫的《哲学书简》第一封，惹恼了沙皇，该期杂志遭禁。宫廷女官罗赛特将内情事先告诉诗人，并建议他缓发此信，普希金采纳了她的意见。

② 指恰达耶夫由《望远镜》杂志摘选出来的《致某夫人的哲学书简，第一封》单行本，小册子由友人转交普希金。

③ 普希金是对《哲学书简》能够通过书刊审查而获发表深感意外。

④ 指 867—1204 年间出现在西方和东方拜占庭教会之间的分裂。

这就是承受了蒙古人入侵的广袤的地域。鞑靼人没敢迈过我们的西部边界，把我们留在了后方。他们又退回到自己的荒漠，基督文明因此而获救。为了达到这个目的，我们应该过完全特殊的生活，这生活使我们成了基督徒，但也使我们完全异化于基督世界，于是，天主教欧洲的极富活力的发展便因我们备受磨难而得以克服所有的阻碍[①]。您说我们得以获取基督教的那个本源是肮脏的，说拜占庭理应遭到蔑视和轻慢，等等。哎，我的朋友，难道耶稣基督出生时不是犹太人？难道耶路撒冷不是众说纷纭的话题？由此，《福音书》难道就不令世人惊异？我们取之于希腊人的是《福音书》和神话传说，不是稚嫩的琐屑和诡辩的精神。拜占庭习尚从不是基辅的习尚。我们的牧师们——费奥潘[②]以前——无愧世人的尊崇，从来没有因为教皇主义的劣行而有失尊严，当然，在人类最需要统一的时刻也就从未号召宗教改革。说我们的宗教界今天落后我无异议。您想知道原委吗？它现在蓄起长髯，这就是全部原由所在。它不是一伙高尚的人。您说我们

[①] 普希金在 1834 年发表的《论俄罗斯文学的渺小》中也发表过类似的观点。

[②] Π.费奥潘（1681—1736），俄国政治家和宗教活动家，沙皇彼得一世的挚友。

的历史渺小，我则断然不能赞同。奥列格和斯维亚多斯拉夫的战争[1]，甚至皇室领地的纷争——难道这不是充满沸腾的骚动、狂热而又漫无目的的活动——这种活动又是所有的民族在青春时期都有的——那种生活？鞑靼人入侵是可悲又壮观的场面。俄罗斯的觉醒，其国力的发展，其统一的趋向（当然是俄罗斯式内部的统一），两个伊万[2]，始于乌格里奇、终于伊巴契耶夫修道院的蔚为大观的一幕[3]——怎么，这些难道不是历史而只是苍白又朦胧的梦幻？还有彼得大帝，一个人便是一整部世界史！还有把俄罗斯推进欧洲门坎的叶卡捷琳娜二世呢？率领你们进入巴黎的亚历山大皇帝呢？[4]（把手放在胸口上）您难道没有在俄罗斯现今的情势中发现什么有意义的东西，发现什么会使未来的史学家大吃一惊的

---

[1] 奥列格（912年去世），古俄罗斯公爵，907年曾远征拜占庭，并于911年迫使其签城下之盟。斯维亚多斯拉夫（972年去世），基辅大公，在位期间多次发动远征。

[2] 指莫斯科大公伊凡三世（1440—1505）和沙皇伊凡四世（1530—1584）。

[3] 指1591年5月15日德米特里王子在乌格里奇被弑直到1613年3月14日米哈伊尔·罗曼诺夫在伊巴契耶夫修道院举行加冕典礼等历史事件。

[4] 恰达耶夫参加过19世纪初抗击法军入侵的战争，并随大军在1814年到过巴黎。

东西？您是否认为他会使我们游离于欧洲之外？尽管我心悦诚服地情系皇帝陛下，可我对周围所看到的远不是都可以欣然接受。作为文学家，我备受刺激；作为偏见极深的人，我又屡蒙欺侮。但是，凭良心起誓，我不想用世上任何别的什么更换祖国，或有一部另外的历史，除了我的先祖的那部上苍赐予的历史。

信写得长了。我和您争辩，可还应该对您说，您的作品中有许多观点是绝对正确的。的确，需要意识到我们的社会生活令人忧伤。这就是没有社会观点，对一切可以名之为义务、公正和真实的东西处之漠然，无耻地蔑视人类思想和价值简直到了令人绝望的程度，您把这些都呼喊出来，干得漂亮。不过，我担心，您的宗教历史观别是会害您吧……最后，我十分沮丧，因为您把手稿交给出版者的时候我未在场。我无能为力对您说对文章是否产生了印象。愿它不要受到人们的吹捧。您看过第三期《现代人》吗？《伏尔泰》一文还有《约翰·特纳》①，都是我写的；科兹洛夫斯基②若想一下就一劳永逸变成作家，就得是我的主宰。再见，我的朋友。

---

① 美国人，曾在印第安土著人中生活过三十年，并留下一部《笔记》。
② 指在《现代人》杂志上发表《论希望等问题》文章的 N.B. 科兹洛夫斯基公爵。

见到奥尔洛夫和拉耶夫斯基代致问候。他们对您的《书简》都说些什么？他们，如此平庸的基督徒们。

普希金

致 C.Л. 普希金 [1]

由圣彼得堡寄莫斯科

1836 年 10 月 20 日

　　亲爱的父亲，首先告诉您我的地址：毗邻御马司桥的马依克区沃尔康斯卡娅公爵夫人家[2]，我不得不离开巴塔舍夫家，他的管家是个恶徒。

　　您问我娜塔丽娅和孩子们的消息，老天保佑，他们都很健康。我没有姐姐的消息，她是抱病离开乡下的。她那位用根本不知所云的来信使我失去耐性的丈夫，在现在需要对他的事情有所安排的时候，对怎样生活未做暗示。请您把您分给奥丽加的那份财产（委托书）寄给他，事情必当如此。列夫又从了军[3]，找我要钱；可我没有能力大包大揽，我自己

---

① 此信原文为法文。

② 原文为俄文。

③ 普希金的弟弟 1836 年重又入伍，并开赴格鲁吉亚。

也是焦头烂额，入不敷出，为一个大家庭所累，以自己的劳动养家糊口，而且前途未卜。虽然，我的生活不仰赖任何人，除了自己的孩子也不负担任何奉养的义务，巴甫里谢夫却责备我挥金如土。他断言他们以后反正要比他的儿子阔绰：是否会这样我不知道，不过，我不能也不想因为他们，自己就慷慨大方。

我总打算到米哈伊洛夫斯科耶村待段时间，却未能成行。这是因为我的事情至少还要耽搁我一年时间。在乡下我可以写出许多东西来，在这里则一无所成，只是焦躁和生气。

再见了，亲爱的父亲，吻您的手，真诚地拥抱您。

致 E.Ф.康克林 [1]

圣彼得堡

1836 年 11 月 6 日

尊敬的叶果尔·弗兰采维奇伯爵：

承蒙阁下垂顾，使我鼓足勇气不揣冒昧再次因最卑微的请求惊扰您。

根据阁下的财政部一份尽人皆知的指令，我无担保负债四万五千卢布，其中的两万五千卢布我需在五年内偿清。

现在，我想尽快将我的债务如数偿清 [2]，同时遇到一个只有您才能不费吹灰之力克服的困难。

我在下诺夫戈罗德省有二百二十名农奴，其中二百名已

---

① 叶果尔·弗兰采维奇·康克林（生卒年不详），俄国伯爵，时任财政部大臣。

② 普希金想偿清夙债是因为他当年 11 月 4 日收到的一件谤文，称他的妻子与沙皇尼古拉有染，偿债需要典卖全部庄园田产，此举必须得到沙皇的批准，否则乱子就会越来越大。

抵得四万卢布。根据我父亲——他把这处庄园送给了我——的指令，尽管我可以把这笔财产典押给国家或个人，但在他生前我是无权典卖的。

不过，国家有权收回属于它的财产，而无须顾及任何个人的指令，只是圣谕另有明示自当别论。

为偿清前述四万五千卢布，我不揣冒昧抵押此处庄园，它肯定可以典出这个数目，甚至更多。

不揣冒昧再向阁下提一个对我来说至关重要的请求，因为此事不会引起什么麻烦，可以按正常程序办理，故恳请阁下不要将此事禀告皇帝陛下。出于仁慈，陛下大概不会接受这笔债金（尽管偿债不会使我感到为难），甚至下令取消我的债务也未可知，如此我将陷入相当窘困和难堪的境地，因为这样的话我就不得不谢绝皇恩，看上去就可能有失礼数、虚妄，甚至是忘恩负义了。

以深挚的敬意和忠忱，荣幸地做阁下最恭顺的仆人。

亚历山大·普希金

致 H.B. 戈利岑 ①

由圣彼得堡寄阿尔杰克 ②

1836 年 11 月 10 日

无数次地感谢您，亲爱的公爵，感谢您无与伦比地翻译了我的那首诗 ③，它是针对我们国家不怀好意的人的。我已经见过三个译本 ④，其中之一还是我的朋友当中一位地位显赫者所为，但没有一个译本可与您的比肩。您当初 ⑤ 何以没把这部剧本翻译过去？——如此我会把它寄去法国，好弹一

---

① 此信原文为法文。H.B. 戈利岑（1794—1866），俄国作曲家、音乐批评家，诗人，曾把许多俄罗斯诗歌译成法文。

② 这是戈利岑的姐姐在克里米亚的别墅。

③ 指普希金的《致诽谤俄罗斯的人们》一诗，这首诗 1839 年才公开发表。

④ 指希特罗沃寄给普希金的译本。R. 符列夫斯基男爵或 A. 拉瓦尔伯爵夫人的译本及普希金最凶恶的敌人、被诗人在下文中嘲谑地称为"我的朋友"的乌瓦罗夫的译本。

⑤ 指 1830 至 1831 年波兰起义时期。当时，普希金担心来自法国的军事干预。

普希金

下所有那些国民议会议员当中暴躁的诡辩者的鼻子。

您的克里米亚绝好的气候真叫我心生妒意；您的来信唤醒了我无以数计的各种回忆，那里有我的《奥涅金》的摇篮，您当然已经认出了某些面孔①。

您答应把我的《巴赫奇萨赖的泉水》用诗体翻译出来②。我深信您此举一定成功，如同所有出自您手笔的其他译品，尽管那是我所知道的文学品类中您所痴情的最难译、也最耗费时日的品类。依我看，再没有什么比把俄罗斯诗歌用法语翻译更困难的了。因为就我们语言的高度凝炼性来说，从来不可能有如此简洁的句式。这样说来，荣誉和名声就属于那些和您一样如此成功地胜任此任的人。

再见。我对很快就在我们的首都见到您尚未绝望，因为我知道您会轻而易举地一举得手。

完全属于您的——

亚·普

————————

① 指拉耶夫斯基一家。

② 戈利岑的《巴赫奇萨赖的泉水》法文译本 1838 年在莫斯科发表。

致 B.A. 索洛古勃 [①]

圣彼得堡

1836 年 11 月 17 日

　　我会毫不犹豫地把我的口头声明写出来。我提出与乔·海伦克 [②] 先生决斗，也未做任何解释就接受了挑战。听外面说海克伦先生决斗之后再宣布与冈察罗娃小姐的婚事，故此我现在请求当事的证人以似乎尚无合适的地点而取消此次决斗。我没有任何理由把他的决定理解为一个磊落的人受之有愧的别有用心。

　　我请您以您以为合适的方式使用此信，伯爵先生。

---

① 此信原文为法文。普希金写这封信是答复他决斗的助手索洛古勃 11 月 17 日的信，同时也间接答复丹特斯 11 月 15—16 日的信。

② 即法国贵族丹特斯（1812—1895），杀害普希金的凶手。他敌视法国大革命，由于与普鲁士上层人物的斡旋亡命俄国，混迹于上流社会。

致路易·海克伦 ①

圣彼得堡

1836 年 11 月 17—21 日

男爵先生:

请允许我首先把最近发生的事情做一总结。贵公子的行为我早就明察秋毫，故此我当然不能漠然置之。然而，由于这些行为尚未破坏一般的礼数，由于我同时知道在这方面我的妻子又多么理当受到我的信任和尊重，我便安于充当旁观者的角色，以便在我认为合适的时机再置身其中。我非常清楚，英俊的外貌、不幸的情欲和两年矢志不渝的追求最终会

---

① 此信原文为法文。路易·德·贝维瓦尔德·海克伦（1791—1884），男爵，1826 年起是荷兰驻圣彼得堡的公使，普希金 11 月 4 日收到的匿名信的作者之一。海克伦 1836 年收养丹特斯为义子，后者是杀害普希金的凶手。这封信后来没有寄出，大概这与沙皇尼古拉一世 11 月 23 日召见普希金有关。诗人死后，海克伦被视为罪者而被召回。普希金的这封写给海克伦的信至今保留下两种文本，另外一种参见他 1837 年 1 月 26 日的信。

给一位少妇的心灵上留下某种印象，也清楚为人之夫者——只要他不是傻瓜——此时自然而然就会成为妻子的依靠和她行为的主宰。我承认我心里曾经很不平静，一个在其他任何时间对我来说都会痛感难堪的事情，使我完全摆脱了窘境。我收到了几封匿名信。我发现时候到了，就利用了这个事件。其余的事情您都清楚：我逼迫贵公子充当一个如此滑稽① 如此可怜的角色，连我的妻子都因为他如此懦弱、如此卑劣而惊诧不已，都忍不住笑出声来。那种或许曾激起她伟大和崇高激情的感情，如今在完全平和下来的蔑视和罪有应得的厌恶之中归于寂灭。

然而您，男爵先生，请允许我指出，您个人在全部这一事端中充当的角色很不光彩。您，一位王权人物代表，却父亲般地为您非婚生的或曰所谓的儿子拉皮条；这位少调教的后生的全部所为是由您一手指挥。他散布的飞短流长和他肆无忌惮写出的蠢话也是您的口授。您像一位无耻之尤的鸨母，到处纠缠我的妻子，对她说起贵公子；一旦他染上梅毒又因药性发作而卧床不起，您这个寡廉鲜耻之徒就又会说，他是因为爱她而死；您还会对她咕咕哝哝：把我的儿子还给我。

---

① 指丹特斯与普希金娜的姐姐结婚。

这，还不是全部。

您会发现，关于这些我被告知得再清楚不过了①，不过且慢，这还不是全部：我对您说过事情已更加错综复杂。我们还是回过头来说说匿名信。您最清楚使您最感兴趣的是这些信。

11月2日，您从贵公子处得悉了那条使您大为开心的新闻②。他对您说我疯了，我的妻子担心……她也丧失了理智。您便决定实施似乎足以致人死命的一击，就营构了匿名信。

---

① Д.费凯里蒙伯爵夫人在日记中曾写道，普希金对他的妻子"是非常信任的，所以她才完全不经意地把丹特斯的话原原本本告诉了普希金——这真是可怕的大疏忽！"据当事人回忆，丹特斯婚后曾介绍大夫给普希金娜治鸡眼，事后用法语对她说："您的鸡眼比我妻子的漂亮"。"鸡眼"一词在法语中发音与"肉体"相近。

② 这条涉及普希金的新闻已无从确定其内容，也许是11月2日诗人之妻在与丹特斯或其友人交谈时对普希金收到匿名信感到恐惧。著名女诗人A.阿赫马托娃在《普希金之死》一文中推断，11月2日，在海克伦的私宅里根据他的动议写了那份授予普希金乌龟团长之职的"证书"；一位扮演两面派角色的参与者之一 Ⅱ.多尔戈鲁科夫公爵发现"证书"系海克伦的手迹。1927年6月，经权威部门鉴定，匿名信正是这位后来客居海外的多尔戈鲁科夫所写。最近，俄罗斯学界又有人推断，至死都对普希金持敌视态度的伊塔丽娅·波列季卡也参与了此事。

我收到了四处散发的十数份匿名信中的三份[1]。信编得竟露出大破绽，我一眼看上去就发现了作者的痕迹[2]。对此我不再畏怯，而且深信会找到主使。实际上，经两天的侦寻，应该如何行动我已经心中有数。

假使外交手腕只是一门探寻在他人面前如何装模作样，并破坏他人计划的艺术，您就将还我以公正，而且您得承认，您在所有的方面都遭到迎头痛击。

现在来说说我此信的目的：您或许想知道是什么妨碍我时至今日仍未使您在我们的和您的宫廷里声名狼藉。我会告诉您的。

如您所见，我心地善良，襟怀坦白，然而我的感觉敏锐。决斗对我来说无论结局如何已远远不够。无论是贵公子的暴死还是他的婚娶——这简直像场闹剧（不过这也决未使我感到难堪）。最后，抑或是我荣幸地写给您的这封信（抄件我还要保留下来以备不虞）——我都不视为复仇的目的已经达到。我希望你再费些气力，自己找到一些或许更充足的理

---

① 普希金 11 月 4 日收到一封，其余两封系由他的友人转递。

② 参见下一封信。

由^①激励我当面羞辱您，以消除这桩可怜事端的劣迹——我会从这个事端中轻而易举地写出我的绿帽子故事^②中的精彩一章。

男爵先生，荣幸地做您最恭顺、最卑下的仆人。

亚·普希金

法国籍宪兵队长丹特斯

---

① 大概指普希金要在俄国和荷兰政府羞辱海克伦。

② 在普希金接到匿名信，亦即"任命书"中，他被任命为"获乌龟勋章的历史编纂家"。他这里说"精彩一章"是反讽海克伦在丹特斯婚娶一事上了充当了"绿帽子"的角色。

致 A.X. 宾肯道尔夫 [1]

圣彼得堡

1836 年 11 月 21 日

伯爵先生，我以为我有理由而且必须告知阁下不久前发生在我家庭中的事情。11 月 4 日清晨，我收到一封匿名信的三个副本，信使我和我妻子的尊严蒙受了耻辱。从纸张的形式、书写的文体及信的编造方式看，我立刻明白了，信出自一个外国人，一个上流社会的人，一个外交官之手。我侦查了一下，发现七八个人在同一天都收到了那封密封而又寄到我名下的信的副本，只多加了层信封。收到信的大多数人鄙夷这种下流举动，没有把信再转寄给我。

通常，这种下流的、凭空的侮辱会让所有的人愤懑。有人断言我妻子的举止无可指责，导致这种卑劣行径的原因是

---

① 此信原文为法文。沙皇尼古拉一世 11 月 23 日召见普希金，后者极力使沙皇相信匿名信系出自荷兰使馆，匿名信还卑劣地暗示诗人之妻与沙皇有染。目前保留下来的匿名信有两种文本，但笔体与信纸彼此不同。普希金死后，海克伦又在匿名信的印记上故弄玄虚。当时的一种传言说普希金是凭印记得出他的判断的。

丹特斯先生死皮赖脸缠磨她。

我不想看到我妻子的名字在这种情况下与随便什么人的名字搅在一起，我请人把这一想法转告了丹特斯先生。海克伦男爵找到我，以丹特斯先生的名义向我挑起决斗，并请我将决斗日期推迟两周。

可是，丹特斯先生在此期间爱上了我的大姨子冈察罗娃小姐，并且向她求婚。我风闻此事后，便托人请达尔沙克先生（丹特斯先生的决斗助手）取消例行的决斗[①]。在此期间，我确信匿名信系海克伦先生所为，我以为有义务将此事通报政府并公之于众。

作为我自己和我妻子名誉的唯一法官和保护人，我不会因此而要求对簿公堂或报仇。我不能，也不想把我确信是证据的东西昭示任何人。

无论如何，伯爵先生，我希望这封信证明我对您从来是尊敬和信任的。

伯爵先生，荣幸地以这种感情做您最卑下、最恭顺的仆人。

亚·普希金

---

① 即普希金11月17日写给A.索洛古勃的信。

致路易·海克伦 ①

圣彼得堡

1837 年 1 月 26 日

男爵先生：

请允许我把最近发生的事情做一总结。贵公子的行为我早有耳闻，故此，我当然不能漠然置之。我曾安于充当旁观者的角色，只准备在我认为合适的时机再置身其中。一个在其他任何时间对我来说都会痛感难堪的事情，使我完全摆脱了窘境：我收到了几封匿名信。我发现时候到了，便利用了这个事件。其余的事情您都清楚：我逼迫贵公子充当一个如此可怜的角色——连我的妻子都因为他如此懦弱、如此卑劣而惊诧不已，都忍不住笑出声来。那种或许曾激起她伟大而崇高激情的感情，如今在完全平和下来的蔑视和罪有应得的厌恶之中归于寂灭。

———————

① 此信原文为法文。

我不能不承认，男爵先生，您个人充当的角色很不光彩。您，一位王权人物的代表，却父亲般地为贵公子拉皮条。看来，他的全部所为（而且干得相当愚笨）是由您一手指挥。大概，他散布的飞短流长和他胆敢写出的蠢话也是您的口授。您像一位无耻之尤的鸨母，到处纠缠我的妻子，对她说您那位非婚生的或所谓的儿子对她的爱；一旦他染上梅毒卧床不起，您就又说他是因为爱她而死；您还会对她咕咕哝哝：把我的儿子还给我。

您的心里清清楚楚，男爵先生，风云过后，我再也不会容忍我的家庭与您的家庭有任何瓜葛。只有这样，我才答应不再追究这起肮脏勾当的是非曲直，也不再使您在我们的和您的宫廷里声名扫地，本来我是有这种可能和打算的。我不想让我的妻子今后再听命于您的谆谆教诲。我不能允许贵公子一番无耻的举动之后还胆大包天与我的妻子讲话。我更不允许他向她散布近卫军里的那些绯闻，佯作赤忱和失意，因为他纯粹是个骗子和无赖。这样，我就不能不给您写信，请您了结所有这些阴谋，假如您想避免一次我当然不会善罢干休的事端的话。

男爵先生，荣幸地做您最卑下最恭顺的仆人。

亚历山大·普希金

普希金决斗前去的文学咖啡馆

致 A.O. 伊什莫娃 [①]

圣彼得堡

1837 年 1 月 27 日

亚历山德拉·奥西波夫娜夫人：

非常遗憾，我今天不能赴您的约会，我荣幸地把巴利·康沃尔 [②] 的书呈上，您会在书的末尾看到用铅笔做过记号的剧本，请您尽可能把它们译出来——我相信您会再好不过地译出来的。今天，我偶然翻翻您的《短篇体历史故事》[③]，竟不由自主读了起来。书就得这么写！

---

① 这是普希金决斗当日早晨出发前写的信，普希金与丹特斯决斗受了致命伤，1 月 29 日与世长辞，因此，这封信可以视作诗人的"绝笔"。

② 此处原文为英文。普希金用铅笔标出记号的康沃尔的剧本是《鹰》等，后由伊什莫娃译出，发表在 1837 年的《现代人》杂志上。

③ 伊什莫娃的这部书原名为《儿童故事体俄罗斯历史》，出版于 1836 年岁末。

以深挚的敬意和始终不渝的忠诚，荣幸地做夫人最恭顺的仆人。

亚·普希金